GAVI

022

# Gavi

## Sonia Edwards

bwthyn
GWASG Y BWTHYN

Cyhoeddwyd gyda chymorth ariannol
Cyngor Llyfrau Cymru.


Dyluniad y clawr: Siôn Ilar

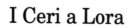

I Ceri a Lora

# DIOLCH

Gyda diolch unwaith yn rhagor i Marred am ei gwaith trylwyr a diflino, ac i bawb yng Ngwasg y Bwthyn am gyhoeddi *Gavi* ar adeg anodd â'r wlad o dan gyfyngiad.

**GAVI** – *o'r grawnwin Cortese yn ardal Gavi di Gavi yn yr Eidal. Ysgafn, pryd golau a braidd yn swil cyn magu plwc o'i flasu drachefn. Dyma win sy'n cymryd ei amser cyn datgelu'i gyfrinach. Hitia'r ffroenau wedyn gyda chymysgedd cyffrous o flas y pridd, lemwn a blodau gwylltion gwyn.*

*'Fresh and aromatic with citrus flavours and a complex nutty finish.'*

(ar label potel win o Tesco)

# Dagrau Pethau

Pa hawl sydd gen ti i ddweud nad ydi o'n golygu dim? Ti na neb arall.

O, rhywbeth bychan bach ydi o i ddechrau. Edrychiad. Gwên. Ansicrwydd nad ydi o cweit yn swildod. O achos bod hyn yn rhywbeth mae arnat ti ei angen, fel awyr iach.

Mae'r ias sy'n dy gerdded fel sioc drydan ar groen gwlyb. Mae o'n hŷn na'r byd ei hun ond yn newydd i ti. A dyma i ti gyfrinach: roedd o yno erioed, yn disgwyl i ti'i gyffwrdd o. Rhoi dy fys yn y plwg. Hotweirio dy galon hefo'r gwres rhwng dy goesau. Peth felly ydi o, yli. Dwy weiren fyw'n cael hyd i'w gilydd. Yn nannedd y fath ffrwydrad, fedri di byth mo'i wrthsefyll o: y trydan, y tân sy'n difa. Hyd yn oed pe baet ti'n lwmp o garreg. Mi chwalith di'n dipiau mân.

Mae pawb yn deisyfu go iawn am y gusan hud sy'n deffro popeth. Ti'n fyw wedyn, yn gaeth ac yn rhydd. Yn un hefo rhywun sy'n dod i chwarae cuddio yn dy ben. Yn rhannu'r un cnawd. Yn rhannu'r un anadl.

Dau'n un.

Pwy fasai ddim isio peth felly? Pwy fasai ddim isio gweld ei lun yn llygaid rhywun arall?

Dim ond rhyw ydi o, meddet ti? Chwant? Blys byrhoedlog nad ydi o byth yn goroesi? Nad ydi o'n golygu dim?

Dywed hynny eto. Yn uwch. Hefo argyhoeddiad. Edrych i fyw fy llygaid i a dywed o: dydi o'n golygu dim. Dywed ei fod o'n rong. Yn dwyll. Yn greulon a hyll a diangen. Dywed fod angen hunanddisgyblaeth a meddwl am bobol eraill.

Ac mi ddyweda inna wrthat titha: wyddost ti ddim be' ydi bod mewn cariad.

# Lw

Mae ogla Haribos ar ei wynt o. Y rhai mefus.

"Ma' cannwyll dy lygad chwith di'n llai na'r un ar yr ochor dde." Mae o'n datgan hyn hefo argyhoeddiad John Wilias Brynsiencyn yn recriwtio i'r Rhyfel Mawr. "Gruff, tyrd i fama i weld os dwi'n iawn. Sbia i llgada Mam. I gannwyll ei llygad hi. Ma' un yn fwy na'r llall."

"Be' di cannwyll llygad?" Deuddeg oed ydi Gruff. Dydi o ddim isio codi oddi ar ei ben ôl. Mae ganddo fwy o ddiddordeb mewn bachu gweddill yr Haribos siâp wy wedi'i ffrio cyn i'w frawd eu bwyta nhw nag mewn unrhyw fath o gannwyll.

"Wel, y piwpils 'de. Y petha bach duon yn y canol."

"Dos o 'ma i fwydro pawb, Rhun. Dwi'n trio sbio ar hwn."

'Hwn' oedd arwr cyfres newydd o *Poldark* a oedd yn brysur yn dechrau datod botymau'i grys.

"Ydi hi'n well gen ti jansio mynd yn ddall?"

"Ma' 'na beryg i hynny ddigwydd p'run bynnag taswn i'n cael llonydd i watsiad y rhaglen 'ma."

"Siriys, Mam. Stedda'n ôl a sbia i fyny i'r gola."

Mae tridiau o gwrs cymorth cynta wedi mynd i'w ben o. Pnawn o bwmpio stumog dyn bach plastig a dod â fo o farw'n fyw a mae o'n meddwl ei fod o'n gonsyltant. A rŵan mae o'n sâl isio ymarfer ei sgiliau newydd ar rywun o gig a gwaed. Mae yna dipyn mwy o gig nag o waed yn fy achos i o ystyried y rholyn sy'n cynyddu o gwmpas fy nghanol a'r ffaith na fedrodd Nyrs Gladys gael diferyn o fy mraich i ddoe wrth wneud prawf am anaemia. Job ffendio dy fêns di heddiw, Lwsi. Roedd llygaid Gladys yn gyhuddgar ac yn culhau wrth edrych arna i fel pe na bawn i cweit yr un fath â phawb arall. Efallai'i bod hi'n iawn. Efallai mai fampir ydw i. Un dew, hefo gwendid am actorion Gwyddelig toples – taswn i'n cael hanner cyfle i edrych arnyn nhw.

Dwi'n difaru fy mod i wedi sôn o gwbwl fod arna i angen sbectol. Yn enwedig wrth Rhun a fynta newydd gymryd yn ei ben ei fod o isio hyfforddi i fod yn baramedic. Rhyw chwilen sydyn oedd hon, a ddaeth i'w daro ar ôl gweld yr ambiwlans awyr yn nôl Wil Wern pan aeth o dros ei ben i'r pwll seilej. Canmoladwy iawn pe na bai o wedi gwastraffu'i flwyddyn olaf yn yr ysgol yn chwarae darts ac yn dojio gwersi. Mae naw mis o lenwi silffoedd yn Aldi wedi'i argyhoeddi, beryg, mai'i fam a wyddai orau wedi'r cyfan. Mae o'n estyn ei ffôn rŵan ac yn ei ddefnyddio fel tortsh i'w sgleinio i fyw fy llygaid i. Mae hi'n eiliad dyngedfennol. Dwi'n clywed yr anadlu angerddol yn sgytio'i ffordd o'r teledu ond fedra i weld affliw o ddim. Yr olygfa o'r ymbalfalu yn y cae gwair y gwelais i drelar ohoni gynna, a dim golwg o'r remôt i mi gael pwyso'r botwm saib-dros-dro. Yn ôl yr holl ochneidio, mae perchennog y cae wedi gollwng ei bladur ers meitin.

"Symud," medda fi. "Ma' Ross Poldark wrthi'n tynnu amdano."

"Ti wedi cael cnoc yn ddiweddar? Trawma i dy ben?"

Dwi ar fin dweud wrtho fo mai'r unig drawma i fy mhen i ydi gwrando arno fo'n mwydro a gwneud i mi golli gweld sics-pac Ross Poldark, yr unig beth – ar wahân i slabyn maint bricsen o siocled Dairy Milk – a fyddai'n debygol o dynnu fy meddwl i oddi ar bris sbectol newydd, pan dwi'n clywed clep ar ddrws y cefn a sŵn rhywun yn chwalu drwy ddrorau'r gegin.

"Lladron," meddai Gruff a rhoi'i glustffonau'n ôl ar ei ben. Mae o'n edrych fel hamster hefo'i fochau bach yn llawn. Mae o'n ddiddig. Mae hi'n nos Sul a does yna ddim ysgol fory. O'i ran o, mae 'na groeso calon i unrhyw leidr helpu'i hun i'r hyn a fynno fo.

"Bel sy 'na," meddai Rhun.

Grêt. Rhywun arall i sgleinio tortsh i fy llygaid i a dechrau gwglo pob math o waeleddau angheuol. Alwodd yr un o'r hogiau fy chwaer fach i'n 'Anti Bel'. Mae hi'n debycach i chwaer iddyn nhwtha hefyd: rhyw chwaer hŷn chwdlyd o cŵl sy'n eu difetha nhw'n racs ac yn gwneud i mi edrych fel cyfuniad o Wrach y Rhibyn a Terminator 2. Fi ydi Nanny McPhee a hi ydi Mary Poppins. Mae gen i ofn rhoi ambarél iddi rhag iddi godi i fflio.

"Sgin ti wydrau gwin glân yn rwla, Lw?"

Mae'i phen melyn hi'n brathu rownd y drws, rhyw blethen ffwrdd-â-hi ffasiynol ar draws ei chorun hi a'r lipstic lliw da-da yn gwneud iddi edrych fel dol fach flêr. Dim math o 'helô' na gofyn sut mae neb. Rêl Bel. Mor annwyl o hunanol fel na fedar neb byth weld bai arni am ddim byd. Am ennyd dwi'n teimlo pigyn bach o eiddigedd tuag at y ffordd rwydd, anfwriadol 'na sydd ganddi o swyno pawb. Wedyn dwi'n rhoi sgytwad i mi fy hun. Mae Bel yn mynd drwy'r felin.

"Be' ti'n feddwl, 'glân'?"

Dwi'n codi a mynd ati i'r gegin. Dydi Ross Poldark bellach yn ddim byd ond atgof o sŵn tuchan ar goll mewn niwl o ogla Haribos. Mae'r botel win y mae Bel newydd ei phlannu ar ganol y bwrdd yn edrych yn bryderus o debyg i fad achub mewn storm.

"Gavi," meddai Bel. "Presant gan Ifan. Gwin Eidalaidd. Mae o'n ei atgoffa ohona i, medda fo. Golau ac ysgafn ac ôl-flasau o flodau gwylltion." Anadl hir wedyn sy'n trio peidio bod yn ochenaid: "Y bastad."

Dwi wedi clywed hyn i gyd o'r blaen. Ei garu o'n angerddol ac isio'i ladd o'r un pryd. Mae perthynas fy chwaer hefo Doctor Ifan McGuigan wedi bod yn rheswm dros wagio sawl potel win erbyn hyn. Coc oen hunanol ydi o sy'n meddwl am neb heblaw amdano fo'i hun. Ond dim iws i mi ddweud hynny wrth Bel. Dim os nad ydw i isio'i cholli hi fel chwaer. Mae hi wedi mopio'i phen amdano fo a'r unig achubiaeth iddi fydd yr adeg pan ddaw yna switsh-on i'r bylb golau-bob-lliw 'na yn ei phenglog hi ac mi welith hi drosti'i hun sut un ydi o. Tan hynny, does gen i ddim dewis ond gwrando arni, cyflenwi'r bocsys Kleenex a'i hatal rhag gwneud pethau byrbwyll fel bygwth eistedd yn ei char tu allan i'w dŷ o a herwgipio'r gath er mwyn dychryn ei wraig o.

Wneith o byth adael Seren. Mae o wedi dweud hynny wrth Bel yn blwmp ac yn blaen. Bod yn onest, medda fo. Dideimlad faswn i'n ei alw fo. Achos mai cachwr ydi o. Dwi'n estyn am y Gavi sy'n flodeuog a hudolus fel fy chwaer, yn tywallt digon ohona i lenwi pot jam a thrio cofio lle dwi wedi cadw'r bocs tisiws diweddaraf.

"Be' mae o wedi'i wneud rŵan?"

"Dim byd nad ydi o wedi'i wneud o'r blaen." Mae'r Gavi'n mynd i lawr fel gwydraid o sgwash.

"Sef?"

"O, dim ond mynd â'i wraig i ffwrdd dros y wicend." Mae'r 'dim ond' yn llwythog o ystyr.

"Ti isio bechdan hefo hwnna?"

Mae hi'n dewis anwybyddu cynnig mor synhwyrol. Yn ôl faint o win mae hi'n ei yfed fydd hi ddim yn mynd adra heno.

"Mi oedd yna griw ohonyn nhw'n mynd," meddai hi wedyn. "Pen-blwydd gwraig un o'u ffrindiau nhw. Felly dydi o ddim fel pe baen nhw'n cael brêc bach rhamantus dim ond iddyn nhw ill dau, nac'di?"

Dydi hi ddim yn disgwyl i mi ateb ei chwestiwn hi. Ceisio'i chysuro'i hun mae hi. Ei hargyhoeddi'i hun mai mynd trwy'r mosiwns mae Ifan hefo gwraig nad ydi o ddim yn ei charu. Dwi'n meddwl am Seren McGuigan yn ei ffôr bai ffôr gwyn newydd sbon, a'r wên-brenhines-yr-eira 'na nad ydi hi byth yn cyrraedd ei llygaid hi. Hogan nobl fydd Mam yn ei ddweud amdani hi, yn dal a chyhyrog. Er mor ddrud ydi'i dillad hi dydi hi byth yn edrych yn iawn. Fyddai fiw i Ifan ddweud wrthi ei fod o'n ei gadael. Nid ac yntau'n amlwg â chymaint o feddwl o'i geilliau. Dwi'n edrych o ddifri ar fy chwaer fach yn ei pherffeithrwydd twt: blondan fain, fywiog dim ond bod ei chalon rhyw ddau seis yn rhy fawr iddi. Mi allai hi gael unrhyw un.

"Wn i ddim be' welodd o ynddi, Bel." Mae ambell i sylw felly'n llwyddo i'w thawelu ychydig. Yn tynnu gwên.

"Enw buwch, coesau buwch," meddai.

Rydan ni'n llowcio gwydraid arall, yn gwneud caws ar dost. Mae'r hogia wedi troi'r teledu i ryw sianel swnllyd, wallgof a dwi'n dweud wrthi am y prawf anaemia a Nyrs Gladys yn methu'n glir â thynnu gwaed.

"Paid â sôn am honno," meddai Bel. "Snotan."

"A be' mae honno wedi'i wneud i ti? Oes yna unrhyw un yn y byd meddygol nad wyt ti wedi'i dynnu yn dy ben wsos yma?"

"Gweiddi fy enw fi'n llawn dros y syrjeri. Mabel Tomos! Dros bob man. Does 'na neb wedi fy ngalw fi'n Mabel ers y diwrnod ddaru nhw fy nal i dros y bedyddfaen."

"Be' oeddet ti'n ei wneud yn lle'r doctor? Ti'm yn edrach yn sâl."

Mae Bel yn culhau'i llygaid, yn gwneud ei cheg-twll-din-iâr. Dwi'n trio peidio chwerthin ond yn gwybod y gwna i.

"Rash," meddai. "Lawr fanna. Doedd fiw i'r doctor sbio, nag oedd, heb gael nyrs i mewn."

"O, Bel! Plis Dduw, dywed nad at Ifan est ti!"

"Wel, naci siŵr. Ti'n meddwl fy mod i'n wirion?"

Dwi'n dewis peidio ateb hynny.

"Ti'n chwarae efo tân, Bel. Mae Ifan yn bartnar yn yr un practis!"

"Mi oedd Gladys yn siaperôn penigamp, beth bynnag. Neb yn meiddio gwneud mistimanars pan fydd honno o gwmpas. Doedd hi ddim yn edrach yn impresd hefo fy Hollywood wacs i chwaith. Meddylia, tasa Gladys yn cael un o'r rheiny mi fasa'n rhaid iddi gymryd nicar ddau seis yn llai!"

Rydan ni'n chwerthin nes ein bod ni'n sâl. Yn crio chwerthin a'n stumogau ni'n brifo ac am bum munud go lew does dim ots am affliw o ddim byd. Yn olau, yn ysgafn, yn flodau bach i gyd. Ydi, mae Bel yr un fath â'r Gavi. Ond dwi'n gwybod bod yna fwy o dan yr wyneb. Mae hi'n ei guddio fo'n dda. Yn rhy dda ambell dro.

A'r noson honno a'r tŷ'n oeri a'r coedyn olaf yn y stof yn ddim ond llwch cynnes a sibrwd, dwi'n teimlo fod gen i dri o blant. Fi fel arfer ydi'r olaf i glwydo. Dwi'n sbio i mewn ar drwmgwsg Gruff, yn gwrando ar chwyrnu Rhun wrth fynd heibio'i ddrws o. Tra byddan nhw yma o dan yr un to mi fydda i'n parhau i wneud hynny cyn mynd i fy ngwely fy hun i orwedd rhwng cwsg ac effro fel gast ddefaid ag un glust am y blaidd. Heno dwi'n brathu fy mhen i'r stafell sbâr. Mae Bel wedi datod y blethen o'i gwallt a'r gwin golau, gwyn yn meddiannu'i breuddwydion. Chaeodd hi mo'r llenni. Dwi'n croesi'r llawr ar flaenau fy nhraed ac mae'r carped-dim-gwaeth-na-newydd yn toddi rhwng fy modiau. Nos olau, dawel, ddwys yn cau'i dyrnau'n dynn. Ym mhen pella'r stad mae ci Elis Garej yn udo ar y lleuad am ei bod hi'n llawn, ac ym mhobman, yn troi'i llygad wydr ar y lôn islaw a gwneud iddi sgleinio fel caead arch.

# Bel

Mae hi'n oer yn y siop bore 'ma. Dyna'r drwg hefo hen dai teras Fictoraidd: ffenestri anferth a nenfydau uchel ac ogofeydd o lefydd tân. Stafelloedd sy'n berwi hefo cymeriad. Ac mae hynny'n fendith ac yn felltith. Mae 'na waith cnesu ar adeilad hefo ego mor fawr.

Siop trin gwallt fu yma ers blynyddoedd, ac er bod y llawr gwaelod wedi'i addasu ar gyfer basnau golchi gwalltiau a sychwyr, mae'r hen nodweddion wedi eu cadw i gyd: y lle tân mawreddog, yr alcof sy'n rhannu'r ystafell hir yn ddwy, y llawr coed. Roedd gan Neil Gwallt steil, ac nid mewn gwalltiau'n unig. Bu'n hyfforddi yn Llundain yn ystod diwedd y chwedegau pan oedd bŵts gwynion mewn ffasiwn am y tro cynta. Gadawodd ei filltir sgwâr am y palmant aur, a chael agoriad llygad yn ogystal â chymwysterau disglair. Pan benderfynodd ddychwelyd adref rai blynyddoedd yn ddiweddarach mewn côt ffwr a fflêrs piws i brynu tŷ Mrs Parry Twrna er mwyn ei droi'n hêrdresyrs, tro pobol y dre oedd hi i gael agoriad llygad.

Ochr yn ochr â thystysgrifau mewn fframiau, roedd lluniau o'r pop stars a'r selébs y bu i Neil steilio'u gwalltiau. Cododd garpedi Mrs Parry Twrna heb ronyn o gywilydd, a sgwrio'r llawr coed yn noeth. Yn y misoedd pan nad oedd tân yn y grât, roedd yno

ganhwyllau gwynion ac wrn Groegaidd yn llawn lilïod
talsyth. Roedd pobol yn gwneud hwyl am ben Neil a'i
siop i ddechrau: Welsoch chi'r bloda 'na? Fatha Capal
Moreia, wir dduw! A'r cudyn gwyn 'na sgynno fo reit
yn ffrynt ei wallt? Yr un lliw'n union â'r un ddoth ar
gorun Ned Ty'n Ffrwd pan welodd o ysbryd dan bont
rêlwe. A doedd dim rhaid i Ned dalu am ei un o! Oedd,
roedd hi'n ha-ha fawr am gyfnod, ond y gwir oedd bod
arddangosfeydd blodeuog Neil yn rhoi'r crysánths a'r
llwch yn sêt fawr Moreia yn y niwl yn llwyr. Ac am y
strîc yn ei wallt o, ymhen hir a hwyr roedd pawb isio
un, a mwy. Enillodd ei blwyf fel steilydd gwallt
gorau'r gogledd, ac ymhen dim o dro, Torri Cŷt oedd
y lle i fynd. Heidiai pobol o bobman. Roedd hi'n haws
cael apwyntiad i gael clun newydd na chael slot hefo
Neil Gwallt. Aeth yr insylts yn gompliments. Ma'
gynno fo lygad, medda pawb. Y gwir amdani oedd fod
ganddo ddau, a'r rheiny'n gweld yn bellach na phawb
arall yn yr ardal a oedd yn berchen siswrn a chrib a
photel o berocseid. Riteiriodd i'r Algarve hefo'i ail
wraig a'i ddau gocapŵ heb sbio'n ôl, ac er bod hynny'n
golled i gopaon gwalltog yr ardal a thu hwnt, bu'n
andros o gaffaeliad i Bel a'i busnes dodrefn *shabby
chic*.

Mae'r adeilad yn apelio at ei hoffter o'r hyn a fu.
O greadigrwydd pobol. O'r ffordd roedden nhw'n
gwneud pethau i bara ers talwm. Yn defnyddio coed
go iawn. Yn rhoi o'u hamser i gerfio'n gywrain ac i
adeiladu'n solet. Dyma pam ei bod hi mor hoff o hen
ddodrefn. Yn hoff o'u hurddas arhosol nhw, o'r ffordd
maen nhw'n procio'i dychymyg hi, yn ei gorfodi i
ddyfalu eu hanes nhw i gyd. Maen nhw mor fyw iddi
â'r rhai a fu'n berchen arnyn nhw.

"Dywed wrtha i dy fod ti'n tynnu 'nghoes i, Bel." Ymateb cyntaf ei thad pan ddywedodd wrtho'i bod hi'n rhoi'r gorau i'w swydd fel athrawes Gelf i agor siop antîcs ac adnewyddu hen ddodrefn. Roedd tôn ei lais yn bradychu'r ffaith ei fod o'n credu bod ei ferch ieuengaf yn gwbwl o ddifri ynglŷn â'i chwilen ddiweddaraf. Rêl Bel. Ddim yn meddwl ddwywaith (byddai'n rhywbeth pe bai hi wedi meddwl unwaith) am luchio swydd barhaol, saff i ddannedd y gwynt ar sail rhyw freuddwyd fohemaidd, ramantus o glymu sgarff rownd ei phen a chrwydro'r sir mewn ofarôls pinc â smotyn ciwt o baent ar flaen ei thrwyn yn chwilio am hen gelfi.

Doedd ymateb Lw i'w chynlluniau fawr gwahanol.

"Ti'n meddwl bod dy gladdu dy hun dan doman o duniau paent Annie Sloan a ffigiarins a rhubana'n mynd i newid dy sefyllfa di?"

Ond o leia roedd Lw'n deall pam ei bod hi'n chwilio am ddihangfa. Dim ond Lw, wedi'r cyfan, a wyddai am ei pherthynas ag Ifan McGuigan. Diolchai Bel i Dduw am hynny'n feunyddiol. Hyd yn oed pe bai Ifan yn gweld y goleuni ac yn gadael Seren amdani hi, byddai ganddi gythral o waith egluro i'w rhieni, yn enwedig ei mam, sy'n hanner chwaer i Audrey, a fu unwaith yn llysfam i Seren. Ym meddwl Bel, roedd hynny'n gwneud y dŵr yn saith butrach; teimlai'i bod hi'n twyllo'i mam ar lefel bersonol yn ogystal. Roedd hynny'n chwarae fwyfwy ar feddwl Bel yn ddiweddar, ac wedi'i gorfodi ar fwy nag un achlysur i holi'i chymhellion ei hun ynglŷn â'i pherthynas ag Ifan McGuigan.

"Tria siarad dipyn o sens efo dy chwaer, wnei di?" oedd byrdwn eu tad ar gownt y siop.

Ond gwyddai Lw'n well na gwneud hynny. Roedd Bel wedi penderfynu. Gwerthodd ei thŷ mewn llai na thair wythnos a rhoi cynnig am salon Neil Gwallt a'r fflat uwch ben. Doedd dim gwaith adnewyddu na newid fawr ddim. Roedd chwaeth Neil yn amlwg dwy'r lle. Cadwodd Bel y basnau golchi gwallt fel dwy sinc i olchi brwshys paent, ac roedd y lle tân yn y siop ei hun yn cwyrci ac yn cydweddu â'i chynnwys. Aeth y rhan fwyaf o'r arian diswyddo ar brynu stoc.

"Dwi'n gwybod dy fod ti o dan straen, Bel. Oherwydd Ifan. Ond dwyt ti ddim yn jacio dy swydd i mewn ac yn prynu siop antîcs dim ond am bod y boi ti'n ei shagio wedi mynd â'i wraig i ffwrdd am holides!"

"Mae gen ti ffordd mor ddelicet o roi petha, Lw."

Ond doedd mymryn o goegni ddim yn ddigon i roi taw ar ei chwaer fawr.

"Ti'n gwybod fy mod i'n iawn."

"Nac wyt, Lw, dwyt ti ddim. Roedd hi'n hen bryd i mi roi'r gorau i ddysgu cyn i mi ddechrau drysu. Nid fi ydi'r unig un. Mae athrawon yn gadael y proffesiwn yn eu dwsinau. Stres. Dwi angan anadlu. Cael hyd i mi fy hun eto."

Gwyddai Bel mai ymateb Lw i hyn fel arfer fyddai dechrau clepian cwpanau i lawr ar y wyrctop wedi iddi sylweddoli nad oedd diben dweud dim mwy. Disgwyliai am yr 'O, wel!' ochneidiog a'r llith cyfarwydd am godi pais ar ôl piso a fyddai'n siŵr o ddilyn. Roedd Lw'n fwy o dwrw nag o daro, ac yn ei chornel hi bob amser. Y drwg oedd y gallai hi fod yn oramddiffynnol o'i chwaer fach ambell waith. Yn dwrdio ar y naill law fel rhyw hen iâr ffwndrus, ac yn landio ar stepan y drws wedyn hefo potel o broseco a chyrri cartref mewn bocs typyrwêr 'rhag ofn i ti anghofio byta!' Lw, y chwaer bwyllog, gall.

Rhinwedd yw gallu ymarfer pwyll, meddylia Bel, yn dal i gofio'r cyngor doeth a wrthododd bryd hynny wrth iddi benlinio rŵan o flaen y lle tân oer. Eistedda'n ôl ar ei sodlau am ennyd, ac anadlu arogleuon y polish a'r cwyr a'r coed o'i chwmpas. Diolcha'i bod hi'n fyrbwyll. Mae'r lle 'ma'n lloches iddi, yn noddfa. Seithfed nef. Byddai'n well ganddi gnoi coesau'r dodrefn na mynd yn ôl i sefyll o flaen dosbarth eto. Na, dydi hi ddim yn gyfoethog, ond mae hi'n ddedwydd. Neu, i fod yn fanwl gywir, yn fwy dedwydd nag y bu. Dydi hi ddim am fentro dweud, hyd yn oed wrthi hi ei hun, ei bod hi'n hapus. Ond be' ydi hwnnw? Be'n union ydi 'hapus'? Mae hi'n hapus pan fydd hi'n cael pâr o sgidiau newydd; yn hapus ar ôl gorffen adfywio hen ddodrefnyn a throi rhywbeth blinedig yn rhywbeth cain. Mae hi'n hapus ar ôl siocled, gwin, rhyw. Ac ar ôl i flasau'r rheiny ddarfod, mae hi'n dal i chwilio tu hwnt i'r wefr. Am y 'rhywbeth' solet, cynnes, anniffiniol hwnnw a ddylai fod ar ôl, fel traeth ar ôl llanw neu wres haul ar lechen. Mae hapusrwydd yn gymhleth, yn ffaeledig nes codith o i fflio, fel deryn cloff.

Fel hithau. Ifan sy'n codi'i chalon hi i fflio. Y chwerthin a'r caru. Mae hi'n gwybod ei fod o'n rong. Yr holl sefyllfa. Yn gwybod mai Lw sy'n iawn wrth iddi ddwrdio a darbwyllo. Mae Bel yn byw ar y wefr ymhell ar ôl i Ifan fynd, yn gwneud iddi bara cyn hired ag y gall, fel rhywun sy'n trio colli pwysau'n dal sgwaryn o siocled yn hir ar ei dafod er mwyn gwerthfawrogi pob tamaid prin. Dydi hi ddim angen Lw i ddweud wrthi faint mae hynny'n brifo. Fo bellach yn ei ôl adref hefo'i wraig yn tywallt gwydraid o goch bob un iddyn nhw wrth goginio ysgwydd yn ysgwydd yn eu cegin newydd, tra'i bod hithau'n cau gwres eu caru dan ddillad y gwely fel carcharu ysbryd, ac yn agor yr un gwin ar ei phen ei hun. Does arni ddim angen neb i dynnu llun o'r gwacter iddi. Mae hwnnw'n rhywbeth gweledol yn barod, fel y darlun sy'n sownd yn ei meddwl o'r noson honno yng Nghaerdydd.

"Dreifia di i lawr, ac mi ddo inna hefo trên."

Syniad Ifan. Cyfarwyddiadau Ifan. Syniad gwallgof, ond tebygol o weithio. Seren yn ei ddanfon i'r stesion, ac yntau wedyn yn cadw'i feddwl yn effro ar gyfer ei 'gynhadledd feddygol' trwy adael i'r trên gymryd y baich o yrru oddi wrtho. *Let the train take the strain.* Ond arni hi, Bel, roedd y straen. Yn ei henw hi roedd y stafell yn y gwesty. Neu'r stafelloedd, yn hytrach. *We've upgraded you to a suite, madam.* A hynny bron yn syth ar ôl i Ifan decstio i ddweud fod pethau wedi mynd o chwith ac na allai ddod yno wedi'r cyfan.

"Ond mwynha'r noson, cyw. Dos am sba neu rywbeth. Cyfle i ti ymlacio. Fy nhrît i."

O, oedd. Roedd o wedi talu am y gwesty. Y hi'n bwcio hefo'i cherdyn, ac yntau wedyn yn rhoi'r arian sychion yn ei llaw. Yn meddwl ei fod o'n gwneud y peth anrhydeddus. Nid ei lle hi oedd talu. Ond yn hytrach na theimlo'n werthfawrogol, roedd hi'n teimlo'n tsiêp. Dyma chdi. Rholyn o gash. Y tâl am ei gwasanaeth. Ceisiai wthio'r cysyniad o'i meddwl, ond mynnai nofio i'r wyneb o hyd ac oeri'n wyn, fel saim.

*We've upgraded you.* Wedi rhoi iddi'r lleuad. A'r ferch yn y dderbynfa'n disgwyl gweld adlewyrchiad

o'i gwên wen ei hun yn ei hwyneb hi. Cariwyd ei
bagiau. Roedd hi'n teimlo'n chwithig ar ei phen ei hun
yn y lifft hefo hwn yn ei wasgod wirion. Roedd ei
fotymau gloywon yn gwneud iddi feddwl am ddol fach
o sowldiwr mewn bocs teganau hen ffasiwn. Y cyfan
a oedd ar ei meddwl y munud hwnnw oedd y byddai'n
rhaid iddi chwilio am bapur pumpunt iddo'n gildwrn.
Fedrai hi fawr o roi puntan neu ddwy ar gledr ei law
fel rhoi pres eis crîm i blentyn, na fedrai? Roedd hwn
yn lle drud. Y lle drutaf yn y ddinas pe bai hi'n mynd
i hynny. Wyddai hi ddim yn union faint i'w roi. Ifan
fyddai wedi gwneud hynny. Wedi rhoi tip yn llaw'r boi,
cau'r drws ar ei ôl a'i chymryd yn ei freichiau. Rheoli'r
sefyllfa. Nid fel hi, rŵan, fel hyn a'r dyn canol oed
gorboléit 'ma'n dal i hofran, yn dal i ofyn cwestiynau
dibwys er mwyn rhoi cyfle iddi balfalu yn ei phwrs
am y tip. Roedd yna rywbeth yn drist hyd yn oed yn
ei oed o: oni ddylai rhywun fengach fod yn gwneud
hyn, ac yntau wedi symud ymlaen i bethau gwell?
*Shall I leave you two keys for the door, madam?*
A Saesneg y ddinas a'i daeogrwydd yntau'n
dod â dagrau i bigo'i llygaid, drosto fo a throsti hi'i
hun.

   Roedd y *suite* bron cymaint â'r bynglo bach oedd
ganddi hi ar y pryd cyn iddi symud yma i fyw uwch
ben y siop. Ac roedd y nenfydau'n uwch a'r gwely fel
cae. Aeth hi ddim i'r sba nac i'r stafell fwyta. Rhedodd
fàth poeth a gadael i'w dagrau poethion gymysgu
hefo'r stêm. Agorodd y botel win a nythai rhwng y
dillad yng ngwaelod ei bag a'i hyfed hefo'r ddau baced
o greision cyfarch a'r Kit Kats tŷ dol oddi ar yr
hambwrdd-gwneud-panad. Roedd y moethusrwydd o'i
chwmpas fel jôc fawr oer. Dyheai am ei gwely dwbwl

normal â'i ddwfe blodeuog. Roedd gwynder fflat, clinigol y gwely hwn o'i blaen yn torri'i chalon. Meddyliai sut yr edrychai pe bai Ifan yno hefo hi, yn agored fel briw ac olion eu caru drwy'r ystafell i gyd. Fyddai o ddim wedi'i gau'n dynn fel hyn a'i gwrlid wedi'i bletio fel gwefus.

Cysgodd yn ei dillad y noson honno ar ôl gorfod codi i chwilio amdanyn nhw am ei bod hi'n methu'n glir â chnesu. Rowliodd yn belen a disgwyl i'r bore bach roi'i ysgwydd yn erbyn y llenni. Roedd yn syndod iddi ei bod hi'n teimlo mor llwglyd. Tynnodd ei bysedd trwy ddryswch ei gwallt a'i glymu'n flêr ar ei chorun cyn mynd i lawr yn ddigolur i ychwanegu brecwast i un at y bil. Dibynnai'n llwyr ar ei harfwisg o sbectol haul a lipstic yn unig, heb boeni sut olwg oedd arni mewn ffasiwn le. Ychydig a wyddai na wnaeth hynny ddim ond ychwanegu at ei harddwch bregus, yn union fel y denai'r crys-T syml a'r jîns bratiog sylw cymeradwyol at feinder ei chorff balerina. Edrychai fel ffilm star ar ffo rhag y wasg. Roedd ei ffôn yn ymbil arni'n ddistaw o waelod ei bag: *Ifs Calling. Ifs Calling.* Ocê iti ffonio. Tecstia ar ôl naw pan fydda i'n y gwaith. Hithau'n meddwl wrthi'i hun yn chwerw: ia, mi dria i beidio teimlo'n anghenus nes bydd hi'n funud a hanner wedi naw o'r gloch. Y negeseuon pathetig o gyfarwydd. Fflach fflach fflach. Un ar ôl y llall pan oedd hi'n gyfleus iddo fo.

Fel rŵan.

Dydi hi ddim isio siarad hefo Ifan y bore 'ma chwaith. Nid ar ôl y lol ddoe hefo car Seren yn gorfod cael teiars newydd. Fynta'n mynd â fo ar ei bnawn rhydd o'r syrjeri am fod ganddi hi apwyntiad i liwio'i gwallt. Lliwio'i blydi gwallt! Roedd o'n ei danfon i'r salon ar ei ffordd i'r lle teiars a'i nôl hi wedyn. Pan alwodd ar ei ffordd i ymddiheuro i Bel, tybiodd hithau'i fod o wedi gweld rhes o ebychnodau'n ymddangos ar draws ei llygaid fel lluniau'r ffrwythau ar beiriant gamblo.

Roedd y ddau wydr gwin a'r un rhosyn coch mewn fas ar ganol y bwrdd yn edrych fel llwyfan wedi'i gosod ar gyfer drama.

"Ti'n gwybod fel mae hi, Bel." Ati hi, Seren, roedd o'n cyfeirio ynteu at eu sefyllfa nhw? Roedd y ddwy'n medru bod yn uffernol o anodd. "Roeddet ti'n gwybod fy mod i'n ddyn priod pan gychwynnon ni hyn. Mae yna bethau'n codi weithiau na fedri di mo'u hosgoi nhw."

"Cael strîcs yn ei gwallt mae hi, nid trawiad ar ei chalon."

Casâi Bel y chwerwedd yn ei llais ei hun, ond roedd y sylw wedi'i wneud, yn gorwedd rhyngddyn nhw, ac ogla'r Coquilles St Jacques o M&S yn llosgi yn eu cregyn yn gorwedd dros y cyfan, yn barodi llosg o'u pnawn coll, ac o'r pop-yp bistro roedd hi wedi bwriadu'i greu iddyn nhw ill dau. 'Am na fedran ni byth fynd allan am fwyd yn gyhoeddus.' Addewid wedi'i selio hefo cusan hir pan oedden nhw'n noeth. Erbyn hyn, yntau'n sefyll yn guchiog yn ei gôt a hithau'n gwisgo'i ffedog 'Ffwc o Gwc' dros ddillad isaf a fyddai'n gweddu'n well i un o ddawnswyr y Moulin Rouge, ymdebygai'r cyfan i olygfa mewn comedi. Diflannodd y mŵd i gyfeiliant pingio'r teimar ar y popty.

"Be' 'di'r ogla llosgi 'na?"

"Coquilles."

Roedd o yno, yn ei hateb hi. Yr hiwmor yn llechu.

28

Eu hachubiaeth nhw. Ond chymrodd o mo'r ciw. Roedd ei euogrwydd y munud hwnnw, ei awydd i amddiffyn ei wraig, yn gryfach na'r angen i chwilio am ddoniolwch yn y sefyllfa. Synhwyrodd Bel hynny ynddo, a gwrido. Roedd hi fel pe baen nhw wedi anghofio sut i chwerthin.

Mae o'n ocê erbyn hyn. Yn barod i gymodi. Y tecsts yn dal i ddod yn rhibidirês. Hwyliau da arno eto oherwydd ei fod o wedi cadw Seren yn hapus trwy redeg o gwmpas iddi fel ci rhech a phopeth yn iawn adra. Popeth yn ei briod le, a'i frên o'n ôl yn ei drowsus, meddylia Bel yn sbeitlyd. Dydi Bel ei hun ddim mor siŵr. Ar adegau fel hyn mae holl anobaith eu sefyllfa'n ei llethu. Yr euogrwydd yn cicio i mewn, a hynny'n fwy oherwydd yr effaith ar ei mam nag ar Seren, pe bai hi'n hollol onest.

Mae'r dicter a deimla tuag at Ifan yn sbarduno'i phenderfyniad. Mi geith o aros. Chwysu tipyn. Mae hi'n troi'r ffôn ar ei wyneb ac yn estyn at y pentwr papurau newydd er mwyn gwneud tân. Mae'r *Cronicl* yn dod am ddim drwy'r drws bob wythnos. Teimla'n euog ei bod hi'n ei ddefnyddio ar gyfer cymaint o bethau heb hyd yn oed ei ddarllen ambell waith. Mae papur wythnos diwethaf heb ei gyffwrdd ar ben y twmpath, a theimla hithau ddyletswydd ryfedd i fyseddu trwyddo cyn ei wasgu'n belenni ar gyfer y tân. Un edrychiad sydyn. Dyna'i bwriad. Dechrau hefo'r tudalennau hysbysebu yn y cefn a gweithio'i ffordd tu chwith tuag at y dudalen flaen. Mae o'n arferiad od ganddi a etifeddodd gan ei mam, ac mae'r ddwy ohonyn nhw'n darllen cylchgronau yn yr un modd. Gwneud pethau'n groes i'r drefn. Mae hynny'n rhan o gymeriad Bel, ac yn gwylltio Lw. Mae aflonyddwch parhaus ei chwaer fach yn ei blino'n racs ambell waith.

"Fasat ti byth yn cychwyn darllen llyfr yn y diwedd, na fasat?"

Y gwir na fyn Bel ei gyfaddef ydi'i bod hi'n troi at ddiweddglo llyfr yn aml iawn, ymhell cyn iddi fod yn agos at ei orffen. Mae hynny mor nodweddiadol o'r byrbwylltra yn ei chymeriad, o'r ffordd mae hi'n byw ei bywyd. Byw yn y foment. Isio popeth y munud hwnnw. Bywyd yn rhy fyr i wastraffu eiliad. Fel rŵan. Dim amser hyd yn oed i ddarllen papur newydd yn iawn. Dechreua chwalu drwy'r *Cronicl* yn ei dwylo, yn awyddus i droi llwydni'r grât yn fwrlwm o fflamau cyn dechrau ar ei diwrnod. Mae'r peiriant coffi yn y gornel eisoes wedi gorffen ar ei rwgnach, ac yn llenwi'r lle ag arogl deffro. Arogl moethusrwydd. Ma' ogla hwnna'n well na'i flas o, dyna eiriau'i thad bob amser. Ond hoffa Bel y ddau. Mae coffi ffresh yn un o'i phleserau bach dyddiol hi, ac mae mwy o'r rheiny hefyd bellach wedi iddi gefnu ar holl stres yr ysgol. Edrycha 'mlaen at y banad gyntaf honno sydd bob amser yn rhoi hwb iddi.

Mae'r tân yn barod i'w gynnau. Eistedda Bel yn ôl ar ei sodlau a chasglu'r tudalennau o bapur na ddefnyddiodd. Ac yna, wrth eu plygu i'w dychwelyd i'r fasged, mae llun yn tynnu'i sylw. Llun du a gwyn o foi golygus â'i wallt tywyll tonnog yn boenus o gyfarwydd. Mae'r pennawd yn drioglyd, dros-y-top: *From Wallabies to Welsh Blacks – Flying Vet Returns From Australian Outback to Run Local Practice.* Hanes hogyn lleol yn dychwelyd i Gymru ar ôl pum mlynedd yn Awstralia fel milfeddyg. Mae'n bortread rhamantus o fet ifanc yn hedfan mewn awyren fach secsi i achub bywydau anifeiliaid yng ngwastatir Awstralia, ac yn cynnwys rhyw stori James Bondaidd amdano'n achub stalwyn gwyn rhag un o'r tanau-difa-coedwig erchyll hynny sydd mor frawychus o gyffredin yno. *Arthur, eldest son of Richard and Mair Huws of Plas Morfa farm, risked his life in the scorching flames to save the terrified animal from an horrific death.* Â'r erthygl ymlaen i sôn am ei flynyddoedd o brofiad anhygoel fel milfeddyg yn Awstralia, a'i fwriad bellach o gydsefydlu practis yn ôl yn ei fro enedigol.

Edrycha Bel ar ddyddiad y papur. Wythnos yn ôl. Mae hi'n teimlo'n od o benysgafn. Heb yn wybod iddi hi'i hun bron, mae hi'n gwasgu'r papur newydd yn belen sydyn ac yn ei luchio i gefn y grât. Hen stori wirion oedd hi, yn llawn gorchest. Rêl fo. Dangos ei hun trwy'r amser. Ar gae rygbi. Wrth y bar. Ar gae sioe amaethyddol. Tu ôl i'r llyw. A rŵan, yn ei waith. Isio sylw pob gafael.

Rhyfedd na fyddai neb wedi sôn, na fyddai Lw wedi clywed am ddychweliad y *flying vet.* Mae'r hyn a ddarllenodd yn gwneud iddi feddwl am ddrama gyfres Awstralaidd a welsai, hefo rhyw hync o ddoctor ynddi a fyddai wedi edrych yn fwy addas yn modelu dillad nofio nag yn neidio allan o awyren efo syrínj yn ei law.

Mae'r peiriant coffi'n distewi heb iddi sylwi. Mae'r tân oer yn cael ei adael ar ei hanner, ac mae rhywbeth oerach hyd yn oed na hwnnw'n troi'n gryndod yn ei pherfedd. Fedar hi ddim hyd yn oed meddwl. Am ei gwaith heddiw. Am yfed ei choffi. Am roi matsian yn y tân. Am Ifan. Yn enwedig nid am Ifan. Mae'r pum mlynedd diwethaf newydd chwalu'n llwch a'r tor calon a'r digofaint cyn waethed ag erioed. Caead cist Pandora a'r drws ar Aber Henfelen yn agor ar yr un pryd.

Yr holl boen.

Arthur Plas.

Adra'n ôl.

# Lw

Mae powndio'r tredmil yn haws. Dim ond pwyso'r botwm i gyflymu ac arafu. Saff. Dan do. Dim ond camu oddi arno pan fydda i'n cael digon. Mae rhedeg ar y lôn yn galetach mewn sawl ffordd. Yn galed dan draed ac ar yr enaid. Dydi tarmac ddim yn maddau. Does neb yn gohirio'r glaw. Ond tredmil, lôn, traeth. Ni waeth pa un. Mae rhedeg yn therapi i mi ers colli Llew. Mi fedra i gau'r drws yn glep ar fy ôl a jyst mynd. Gwrando ar rythm fy nhraed fy hun – un, dau, un, dau – un droed weithiau'n taro'n drymach na'r llall. Yr eironi mawr ydi na fûm i erioed yn berson sborti. Llew oedd y rhedwr, y dringwr, y codwr pwysau. Mi fasai'n falch ohona i heddiw. Mi fasen ni'n dau wedi mynd allan i redeg hefo'n gilydd. Mae meddwl am hynny'n cymell dagrau, a dwi'n eu rhwygo nhw o fy llygaid â chefn fy mand garddwrn am eu bod nhw'n tarfu ar bopeth, yn cosi'n wlyb yr un fath â chwys. Roedd yn rhaid iddo fo farw'n gyntaf cyn i mi fentro cymryd ei gyngor ynglŷn â byw'n iachach.

A dyna'r eironi arall, y mwyaf, ac o bosib y creulonaf – pan fo calon yn darfod, mae hi'n darfod. Mae holl wyrthiau meddygaeth allan yn fanna, ond dydyn nhw ddim ond yn gallu cyrraedd rhyw bwynt a dyna fo. Mae llawfeddygon yn flaengar ac yn ddisglair, ond does yna ddim un ohonyn nhw'n dduw.

Na, fasa Duw ddim hanner mor ofalus. Mae o'n gwylio dryw bach yn disgyn, meddan nhw yn yr ysgol Sul ers talwm. Posib iawn, os ydach chi'n credu mewn peth felly. Ond fu yna erioed sôn yn nunlla yn y Beibil ei fod o'n codi'r dryw bach hwnnw ac yn ei osod o mewn bocs sgidia a'i fwydo fo efo syrínj chwaith nes ei fod o'n holliach. Duw, Rhagluniaeth, Natur, Ffawd. Loteri ydi'r cwbl. Cymryd ein siawns rydan ni i gyd, ac fel'na mae hi. Mae rhai'n byw'n hirach na'i gilydd, fel blodau mewn fas.

Mi fydda i'n dod i'r fan hyn pan fydda i isio teimlo'n nes at Llew. Parcio yn y llecyn bach cysgodol hwnnw lle ddaru ni garu mewn car am y tro cyntaf. Mwy o chwerthin nag o ramant, breichiau a choesau'n ceisio ymestyn mewn lle cyfyng, cuddio a chrafangu a ffenestri'n stemio. Ond dyna oedd yn ein clymu ni. Y ffwdan a'r chwerthin. Roedden ni'n fêts hefyd. Yn dallt ein gilydd. Mi fasen ni wedi cyrraedd ein Priodas Aur a thu hwnt pe bai o wedi cael byw. Dwi'n gwybod hynny i sicrwydd, fel dwi'n gwybod fy enw fy hun. Nid bod yn ymhonnus ydi hynny. Dwi jyst yn gwybod. Mae pobol heddiw'n priodi ac yn tyngu llwon am byth bythoedd, ac ar yr un gwynt maen nhw'n chwarae'n saff drwy ddweud pethau fel: Ia, wel, does neb yn gwybod be' sy ar y gorwel, nag oes? Does 'na'm garantî. Wel, mi oedd yna hefo ni. Hynny ydi, pe na bai ffawd neu Natur neu Ragluniaeth neu blydi Duw neu dim ond jyst anlwc wedi penderfynu mai'n tro ni oedd cael y shit. Wedi datgan bod jyst cael heneiddio'n ddedwydd hefo enaid hoff cytûn yn ffantasi lwyr neu'n brin fel dannadd iâr. Dwi'n dechrau derbyn o'r diwedd mai'r unig ffordd i beidio chwerwi ydi diolch am yr hyn oedd gynnon ni. Roedd o'n fwy na mae

34

llawer un yn ei gael, er mor fyr oedd ein hamser ni hefo'n gilydd.

Llew oedd fy achubiaeth i. Yn llythrennol. Ym mhob ffordd. Roeddwn i wedi gwneud popeth o chwith bryd hynny. Beichiogi cyn cyfarfod y boi iawn. Doedd yna fawr o drefn ar fy mywyd personol i cyn i mi gyfarfod Llew. Trychinebau o berthnasau, a fy helyntion carwriaethol i'n peri bod fy mywyd i nid yn gymaint o ddamwain car mewn ffos ag o beil-yp angheuol ar draffordd. Cyrraedd parti un noson yn nhŷ ffrind i ffrind: y math o barti lle mae angen bod ychydig bach yn feddw cyn mentro drwy'r drws. Doeddwn i a Osh, y cariad oedd gen i ar y pryd, ddim wedi bod ar delerau rhy wych ers sbelan. Roedden ni wedi rhyw hanner ffraeo cyn cyrraedd y lle, a doedd yr awyrgylch Ffair Borth o sŵn a stwffio drwy fôr o gyrff yn ddim help o ran cymodi. Dechreuodd o ddawnsio a chlosio at ryw hulpan goman mewn ffrog sgleiniog gwta, cyn gadael y parti hefo hi awran yn ddiweddarach. Ond ifanc oeddan ni, yn de? Felly roedd pethau. Ifanc a gwirion, o edrych yn ôl. Dechreuais yfed. Yr ateb i bopeth. Roedd powlen o bynsh ar fwrdd y gegin yn cynnwys cymysgedd digon tebyg i rywbeth a fyddai wedi dod o grochan Gwrachod Llanddona. Pe bawn i yn fy iawn bwyll, fyddwn i ddim wedi'i gyffwrdd o. Ond doeddwn i ddim yn fy iawn bwyll. Mae gen i brin gof o ddawnsio'n wyllt heb boeni beth oedd neb yn ei feddwl ohona i. Roedd fy hunan-barch i eisoes dan draed, felly pa ots?

Efallai mai da o beth oedd hi mai felly roeddwn i'n gweld pethau o achos pan gamodd rhyw foi o'r cysgodion a fy nal i'n chwydu i'r pot blodau tu allan i'r drws cefn, theimlais i'r un gronyn o gywilydd.

A phan ddaeth o'n nes a dal fy ngwallt i o fy wyneb i, roedd ei gyffyrddiad o'n oer ac yn llesol ar fy nhalcen i, ac yn od o gysurus. Er i fy stumog i deimlo'n well, roedd fy mhen i'n dal i droi, a dwi'n cofio hyd heddiw mor braf oedd gorffwys yn ei erbyn, ac mor ddiogel roeddwn i'n teimlo yn ei freichiau. Roedd hi fel pe bai'i wyneb o'n newid o hyd bob tro roeddwn i'n edrych i fyny arno. Un funud, Osh oedd o, wedi dod yn ei ôl. Yr eiliad nesaf roedd o'n rhywun arall, cyfarwydd ond roedd fy llygaid i isio cau a'r tywyllwch yn llyncu ei rai yntau. Mi wnes i afael yn dynn ynddo a dwi'n cofio mwynhau'i gusan o. Dwi'n cofio bod isio mwy. Isio fo. Isio cymodi hefo Osh oedd ddim yn Osh o gwbwl chwaith ond doedd dim ots gen i. Roedd o'n ffeind ac yn saff a'i fysedd o'n oer a braf.

Mae cofio'r hyn a ddigwyddodd wedyn fel ôl-fflachiadau breuddwyd, neu atgofion niwlog o olygfa mewn ffilm. Ond dwi'n cofio deffro drannoeth ar fy mhen fy hun mewn gwely ag ogla rhywun arall arno fo. Doeddwn i ddim yn noeth, ond roedd hi'n amlwg fy mod i wedi diosg fy nillad ar un adeg ac wedi gwisgo amdanaf drachefn ar dipyn o frys. Roedd botymau fy mlows yn y tyllau anghywir, a doeddwn i ddim wedi cau fy jîns yn iawn. Dwi'n cofio teimlo ias o ddychryn, nid yn unig oherwydd yr hyn roeddwn i'n amlwg wedi cytuno i'w wneud hefo dieithryn ond oherwydd fod yna bobol eraill yn symud o gwmpas yn rhywle yn y tŷ. Cymrodd eiliad neu ddwy i mi gofio mai tŷ stiwdants oedd o ac mae'n debyg bod yna sawl un wedi gorfod cael hyd i'w gornel i gysgu ynddo neithiwr. Yr eironi oedd nad oedd y ffaith fy mod i wedi deffro mewn gwely yn hytrach na thu mewn i wardrob ddim o angenrheidrwydd yn arwydd da.

Doedd dim rhaid i mi fod wedi poeni y byddai rhywun yn fy ngweld yn dianc o'r tŷ. Cefais gip ar sachau cysgu ar lawr yr ystafell fyw lle bu'r parti neithiwr wrth i mi sleifio heibio'r drws cilagored. Roedd ogla cwrw a gwahanol fathau o faco yn glynu i'r nenfydau fel gwe. Bu'n rhaid i mi ddweud sgiws mi yn y cyntedd a gwthio heibio i foi troednoeth hefo gwallt Iesu Grist. Edrychodd drwydda i hefo llgada marblis heb ddweud gair. Diolchais yn daer nad hefo hwn y cysgais i neithiwr, neu mi fasen ni wedi adnabod ein gilydd, basen? Ac eto, o weld y niwl yn ei lygaid o, roedd hi'n bur amheus a fyddai o wedi ei adnabod ei hun y bore hwnnw.

A diawl o fore oedd o. Rhoddodd ddwrn yn fy asennau a dau fys i lawr fy nghorn gwddw'r munud y camais i allan. Dwi'n cofio plygu a chwydu i'r bin ar y pafin tu allan. Gormod o angen y rhyddhad o wagio fy stumog i deimlo cywilydd. Doedd yna ddim lliw ar ddim byd – y pafin, yr adeiladau, y llymru o awyr; doedd yna ddim byd o fy mlaen nac o fy nghwmpas ond difaterwch llwyd.

Dydi mynd adra'n dal i wisgo dillad y noson cynt byth yn deimlad braf, ond roedd hyn yn waeth am nad oeddwn i'n cofio'r hyn ddigwyddodd. Roedd y fflat yn oer, llestri ddoe wedi hen orffen diferu wrth ymyl y sinc. Diolchais fy mod i'n byw ar fy mhen fy hun, ac am yr unigedd anghymdeithasol bron na all dim ond dydd Sul ei gynnig. Y cyfan roedd arna i ei isio oedd cawod boeth a gwely a thynnu'r dillad dros fy mhen.

Doedd Osh ddim wedi cysylltu, ac roeddwn i'n ddiolchgar am hynny hefyd. Yn realistig, doedd yna ddim Osh a fi ar ôl neithiwr a doedd gen i fawr o ots am hynny chwaith yn rhyfedd iawn. Mi ddylwn i fod yn bryderus neu'n drist, ond y cyfan oedd ar fy meddwl oedd gwybod pa mor anghyfrifol y bûm i a fedrwn i ddim ond gweddïo na fyddai yna ganlyniadau. Roeddwn i wedi yfed gormod ac wedi cysgu hefo rhywun diarth heb gymryd unrhyw fath o gamau i fy amddiffyn fy hun rhag beichiogi nac unrhyw beth ych-a-fi arall. Byddai'n rhaid i mi wneud prawf beichiogrwydd, jyst rhag ofn. Tawelu'r ofnau oedd yn cnoi fy nhu mewn. Ond am rŵan, roeddwn yn ysu am gael gwthio popeth i gefn fy meddwl a chael cysur mewn cwsg.

Cefais lonydd tan tua chanol y pnawn. Pan ganodd cloch y drws roedd hi fel pe bai rhywun wedi rhoi cyllell drwy'r distawrwydd. Gwyddwn fy mod i'n edrych fel drychiolaeth, fy ngwallt fel nyth a siwmper fawr, flêr dros fy mhyjamas. Wn i ddim pwy roeddwn i'n ei ddisgwyl, ond roedd ei weld o'n sefyll yno fel pwyso switsh ar beiriant fideo a gweld neithiwr yn cael ei chwarae'n ôl yn ei holl ddwndwr graffig. Roedd ambell atgof yn rhewi'n hirach fel pwyso'r botwm saib: fi'n yfed, dawnsio, chwerthin, chwydu. Caru.

Safodd yno'n llenwi ffrâm y drws a'r pnawn yn oer tu ôl iddo.

"Arthur."

"Lwsi." Sobor. Syber. Fel dau newydd gwarfod mewn te cnebrwn. Saib. Chwithdod. Wedyn:

"Ti'n ocê? Ar ôl … ym, ar ôl neithiwr, 'lly …"

Ar ôl i ni neidio i'r gwely hefo'n gilydd. Yr hyn na ddywedodd o. Rhoddodd ei law yn ei boced.

"Chdi pia hwn, dwi'n meddwl."

Ia. Pwy arall? Fy nghlustdlws aur i. Y llall ar y bwrdd yn fy ystafell wely i yn disgwyl amdano fo, fel dau ddarn o galon hollt yn disgwyl am i rywun eu rhoi'n ôl at ei gilydd. Biti na fedrwn i deimlo'r un awydd am fod yng nghwmni Arthur Plas eto. Nid nad oeddwn i'n ei hoffi o mewn rhyw ffordd ddiarth, ffwrdd-â-hi. Roedd o'n fengach na fi, yn nes at oed Bel, fy chwaer, yn yr ysgol. Doedden ni jyst ddim wedi troi yn yr un cylchoedd erioed. Yr unig bethau ddaeth â ni at ein gilydd yn y parti oedd alcohol ac unigrwydd. Y ddau ohonan ni yn yr un cwch, y ddau ohonan ni wedi cael ein jiltio gan y partneriaid oedd wedi cychwyn y noson hefo ni. Doedden ni ddim hyd yn oed yn ffansïo'n gilydd go iawn. Roedd y cyfan yn debycach i gymwynas, defnyddio'n gilydd wrth helpu'n gilydd rhag i ni edrych yn bathetig yng ngolwg pawb arall. Yr eironi, wrth gwrs, oedd nad oedd yna ddiawl o neb arall yn ddigon sobor i sylwi nac i falio pwy oedd yn gwneud beth.

Estynnais fy llaw am y clustdlws fel pe bawn i'n disgwyl iddo ollwng pry copyn iddi. Wyddwn i ddim beth oedd y protocol hefo rhywbeth fel hyn. Ei wahodd o i mewn am banad? Ei holi'n dwll ynglŷn â'r cyfan a ddigwyddodd? Na, efallai ddim. Roedd yn well i rai dirgelion aros yn eu dirgelwch. Roeddwn i wedi rhoi fy nghorff iddo neithiwr yn hael, a heddiw roeddwn i'n rhy embarasd hyd yn oed i sôn am y tywydd. Mae'n debyg mai euogrwydd a'i gyrrodd i jecio oeddwn i'n iawn, hynny a'r awydd i gadarnhau nad oeddwn i'n credu'i fod o wedi cymryd mantais arna i, neu'n waeth, wedi ymosod arna i. Roedd hynny i gyd yn bwysicach na dychwelyd clustdlws rhad.

"Dwi'n grêt, diolch," medda fi, yn cau fy nwrn am yr aur cogio nes bod y pìn bach sy'n mynd drwy'r glust yn tyllu fel hoelen i gledr fy llaw. Penyd. Brifo braf.

Llosgi fy nghywilydd yn grwn i'r croen. Roedd o wedi sylweddoli fy mod i'n sâl isio iddo fo fynd.

"Wel, mi a' i 'ta. Cyn belled â dy fod ti'n iawn …"

A chyn belled â'i fod yntau'n iawn hefyd. Dim dagrau na chyhuddiadau.

"Ella 'sa well i ni jyst anghofio be' ddigwyddodd neithiwr ia? Wan off 'de? Y ddau ohonan ni wedi cael diod …"

Gallwn fod wedi taeru fod yna fflach o ryddhad sydyn wedi goleuo'i wyneb o, dim ond am eiliad. Roeddwn i wedi dweud yr hyn roedd o wedi dod yma i'w glywed. Job dỳn. Nid wedi dod am banad roedd o. Roedden ni'n dau'n boenus o ymwybodol o hynny. Ond roedd hi'n dal i deimlo'n od ei fod o'n troi ar ei sawdl ac yn diflannu ar ôl eiliadau. Yr ail hogyn i mi gysgu hefo fo erioed. Ac roedd y cyfan wedi golygu cyn lleied i'r ddau ohonan ni. Gwnaeth y drws ddau glec chwithig wrth gau, fel sŵn dannedd gosod yn disgyn i'w lle.

Fedra i ddim meddwl yn iawn am Llew, fy ngŵr, heb feddwl am hynny i gyd. Gweithred feddw noson y parti roddodd fod i Llew a fi. Dwi'n stopio rhedeg, yn hanner plygu am ennyd i gael fy ngwynt ataf. Mae'r chwys yn dechrau oeri'n barod ar fy nghroen a dwi'n falch o fod yn ôl yng ngolwg y car i mi gael rhoi fy hwdi, carcharu'r gwres yn haenen dros fy nghorff rhag i mi fferru. Peth felly ydi caethiwo atgof, a bod ofn symud rhag styrbio'r haenen o hiraeth sy'n ei gadw yn ei le. Ofn codi congol dim byd rhag colli'r trysor. Jyst ei gadw fo fel ag y mae. Mae gwybod ei fod o yno'n ddigon, fel glöyn byw dan badell.

Dwi'n gwybod nad ydi car yn ddim byd ond lwmp o fetel hefo injan ac olwynion. Ddylai neb fod yn sentimental ynglŷn â char. Ond mae cyrraedd hwn ac eistedd ynddo fel dod adra at ffrind. Hwn oedd car Llew a fi. Car Llew i ddechrau. Mae o'n hen ond dwi'n gyndyn o gael madael â fo achos bod rhannau o Llew ynddo. Dwi hefo fo eto pan fydda i'n ista ynddo ar fy mhen fy hun. Mi fedra i ogleuo'i sebon o, clywed ei lais o, teimlo'i fysedd o'n lapio am fy rhai i. Mae'r dychymyg yn beth pwerus. Dwi'n cau fy llygaid ac yn ewyllysio'i bresenoldeb o wrth fy ymyl. Fy nghariad i. Fy ngŵr. Tad fy mhlant. Ia. Y ddau ohonyn nhw. Mae yna fwy na jyst bioleg mewn bod yn rhiant, yn does?

Mae'r curo sydyn, haerllug ar ffenest y gyrrwr yn ymosod ar fy synhwyrau. Dwi'n ymateb i'r sŵn gyda chyfuniad o wich a sgrech. Nid yn gymaint mewn dychryn ag mewn tymer flin. Pa hawl sydd gan hwn, yn ei gôt *high viz* a'i sgidia budron, i roi'i big trwy fy mreuddwydion? Mae o'n gwneud ystum rowlia'r-ffenast-i-lawr arna i. Dwi'n mynnu parhau i eistedd yno'n syllu'n fwriadol arno trwy'r gwydr er mwyn gwneud pwynt. Bod yn ocwyrd. Mae fy hormonau'n helpu'r styfnigrwydd. Dwi'n sbio ar y ci-ring brynodd Llew sy'n dal ynghlwm wrth allweddi'r car. Llun hwch fawr flin arno a'r geiriau: *Don't blame me, blame my hormones* mewn llythrennau gwynion sy'n cyferbynnu'n berffaith â'i thymer ddu hi. Mae'r hormons sgin i rŵan mewn gwahanol lig. O ydyn, dyma'r uwch-gynghrair os bu un erioed. Mae neges y rhain yn gignoeth erbyn hyn – ti ddim jyst yn ast, ti'n *hen* ast. Pigog, diprésd, gweld bwganod rownd pob congol. Perimenopôs, meddai doethwragedd Gwgl. Mi fydd dy wallt di'n teneuo, a dy fol di'n twchu fel tyrci Dolig. Mi gei di flew'n tyfu ar dy ên fatha'r Twrch

Trwyth a fydd secs byth 'run fath. Dwi'n cofio teimlo rhuthr o hiraeth pan ddarllenais i hynny. Nid am y rhyw, ond am Llew. Dwi byth isio cysgu hefo dyn eto, byth isio neb arall i'w ddilyn o. Dynion uffar. Pell y bôn nhw. Dwi'n pwyso'r botwm i agor y ffenest i'r idiot yma yn ei gôt felen. Mae o'n lwcus nad oes gen i ddim byd miniog yn fy llaw.

"Ia?"

*"Sorry, love, you'll have to move along. We've got a load of cones coming in a bit. Temporary traffic lights going up, yeah."*

Mae'r geiriau 'going up' yn eu cynnig eu hunain i'r awgrym perffaith ynglŷn ag i fyny be' y dyla fo roi'i gôns pan dwi'n clywed sŵn lorri'n parcio'n drwm tu ôl i mi. Fy lle i a Llew ydi hwn a rŵan mae'r rhain yn trampio dros hyfrydwch bob dim. Mae'r tymer yn fy ngadael i mor sydyn ag y daeth, a dwi'n teimlo fy llygaid i'n llenwi hefo dagrau poeth. Mae'n rhaid bod y llabwst wedi sylwi ar hynny, oherwydd dwi'n grediniol i mi glywed ei lais o'n tyneru.

*"It's the potholes, see?"*

Mae'n rhaid bod fy lefelau oestrogen i'n shifftio rhyw fymryn, yn newid lle fel haul trwy ddail coeden rosod mewn awel, a dwi'n cael fflach anesboniadwy o oddefgarwch ac empathi cynnes tuag at fy nghyd-ddyn. Nid arno fo mae'r bai, naci, nad Eifion Wyn ydi o? Does gan bawb mo'r un nac o delynegu am wylanod a chwyn a siarad yn ddel hefo merchaid. Wrth gwrs mai'r hyn mae o'n trio'i ddweud ydi: ti'n edrach yn ypsét am rwbath, a ti wedi dod i fama i gael llonydd, a dwi mor sori ond mae gynnon ni waith i'w wneud ar y rhan yma o'r lôn. Neu dyna dwi'n dychmygu mae o'n trio'i ddweud. Dyna fasa Llew yn ei ddweud. Ond nid Llew ydi hwn, hefo'i locsyn a'i lygaid pysgodyn a'i ddannedd bach pigog, gwynion sy'n rhy lân, rhy ddel, yn rhy berffaith i'w wyneb mawr o. Does gan y creadur mo'r help ei fod o'n hyll, er nad ydi o'i hun yn meddwl hynny, debyg iawn. Nac'di siŵr, dyn ydi o. Ond fasa dim ots pe bai o'n hync lliw haul hefo sics-pac. Nid Llew fasa hwnnw chwaith. O, Lw. Dangos dipyn o drugaredd, wir. Roedd o'n trio swnio'n ffeind gynnau, yn doedd? Wel, yn ei ffordd ei hun. Rho jans iddo fo. Ella nad oes yna neb byth yn meddwl rhoi cyfle iddo gael sgwrs ystyrlon yng nghanol ei fyd di-ildio o dywod a tharmac a micsars sment.

Dwi'n sbio i'r llygaid brithyll gwydrog sydd ganddo fo, a dyheu, mae'n rhaid, am gael gweld y gronyn lleiaf o sensitifrwydd hyd yn oed yn y creadur ymarferol hwn o achos dwi'n dweud, gydag arddeliad anghyffredin na wn i ddim o ble mae o'n dod, os nad o bwll diwaelod fy hormonau aflonydd:

*"It's the potholes on the road of Life that are getting bigger every day. I wish someone could set up some temporary lights on that and make it smoother."*

Mae'n rhaid bod refio'r lorri tu ôl i ni wedi llyncu rhywfaint o'r truth annisgwyl, a'i fod o wedi cam-ddallt rhywfaint o'r neges. Mae hi'n naill ai hynny neu'i fod o, go iawn, bob tamaid cyn wirioned â'i olwg wedi'r cyfan, o achos mae o'n rhyw hanner troi ac yn gweiddi dros ei ysgwydd trwy'r twrw:

*"You should email the council to let them know about your road. There's a waiting list, though. Our lads can't do it now, no? It's choc-a-bloc till next April, yeah."*

# Llew

Roedd Llew yn ddeniadol oherwydd y direidi yn ei wên-hogyn-drwg a'r ffordd roedd ei wallt tywyll yn tonni'n flêr yn erbyn ei wegil. Roedd o'n mwynhau sylw'r merched oedd yn mynychu gigs y band ond doedd o ddim yn ferchetwr. Er y gallai fod wedi cael unrhyw ferch a ddymunai, roedd yna haenen o sensitifrwydd ynddo nad oedd o'n ei gwisgo'n amlwg ar lawes ei siaced ledr gyfforddus o siabi, ond roedd hi yno i'w gweld i'r sawl a fyddai wedi cymryd yr amser i eistedd ar y cyrion a syllu ar y ffordd roedd o'n siarad hefo pobol. Roedd ganddo'r ddawn brin honno o wneud i bawb, yn ddynion a merched, deimlo'n sbesial pan oedden nhw yn ei gwmni. Ei lygaid oedd ei gyfrinach. Roedden nhw'n rhwydo pobol. Roedd sawl merch wedi cael ei swyno ganddynt i gredu nad oedd yna neb arall ond y hi yn yr ystafell orlawn honno'n dilyn gìg. Nid bai Llew oedd o. Roedd o'n dorrwr calonnau heb fod yn hollol ymwybodol o'r ffaith. Ac roedd y gwyleidd-dra ffwrdd-â-hi hwnnw'n ei wneud yn fwy deniadol fyth: roedd o fel dewin peryglus am na wyddai'n iawn beth oedd grym ei bwerau'i hun.

Y cyfuniad hwn o anwyldeb a rhywioldeb a barodd i Seren, fel dwsinau o ferched eraill, ddechrau mynd i gigs Y Deunaw, nid yn gymaint oherwydd y prif leisydd na hyd yn oed y gerddoriaeth, ond oherwydd y 'boi lysh efo'r llgada peryg' a chwaraeai'r gitâr fas. Cafodd yr hogia dipyn o stic pan ffurfion nhw'r band yr haf hwnnw cyn iddyn nhw ddechrau yn y coleg. Y Deunaw? Arglwydd, be' ydach chi? Parti cerdd dant? Ond roedd yr ateb yn symlach, ar un ystyr, nag a wyddai neb i gychwyn. Deunaw oed oedd y pump ohonyn nhw ar y pryd. Y rheswm bod yr enw'n cŵl oedd mai deunaw milwr oedd yn dal i sefyll pan laddwyd Llywelyn ym mrwydr Cilmeri. Neu dyna a ddywedodd Llew, beth bynnag, a chan mai fo oedd yr un a oedd wedi gwneud Cymraeg Lefel A, doedd neb am daeru dim gwahanol. Roedd hi'n stori rhy dda i beidio'i chynnwys yn eu hanes nhwtha. Goroesodd y band drwy'u dyddiau coleg a thu hwnt am y rheswm syml eu bod nhw'n dda. Roedd ganddyn nhw'r cyfuniad perffaith o ddawn gerddorol a charisma, a doedd y ffaith bod Llew yn ddistaw bach yn ei ffansïo'i hun fel dipyn o fardd yn gwneud dim drwg o gwbwl i lyrics y caneuon roedden nhw'n eu pledu at y dorf.

Efallai nad oedd Llew yn ferchetwr yng ngwir ystyr y gair, ond doedd o ddim yn sant chwaith. Roedd o'n gitarydd golygus, cŵl mewn band roc. Doedd o ddim yn mynd i wrthod cyfleoedd, a phan gynigiodd Seren Morgan ei hun iddo ar blât roedd o'n eitha bodlon i fynd hefo'r lli am ychydig.

Doedd Seren mo'i deip arferol o. Roedd hi'n dal, ac yn gyhyrog mewn ffordd heini. Pe na bai hi'n ymarfer ei chorff yn rheolaidd, byddai tueddiad ynddi i drymhau ac ennill pwysau. Roedd hynny yn ei genynnau; doedd hi ddim yn naturiol fain ond roedd ei diddordeb mewn chwaraeon yn help i reoli'r pwysi ychwanegol y byddai hi'n sicr o ildio iddynt wrth i'w chorff aeddfedu. Yn ei phreim, byddai Seren Morgan yn dod yn wraig nobl a fyddai'n ymrafael â phob deiet ar wyneb daear, ond rŵan roedd ieuenctid ac egni naturiol o'i phlaid. Ar y pryd, roedd hi'n gapten tîm pêl-rwyd genod y coleg a chanddi eitha ciwdos fel athletwraig. Apeliodd ei chryfder at Llew, y ffordd roedd hi'n rhoi'i bryd ar rywbeth – neu rywun (y fo yn yr achos hwn) – ac yn mynnu'i gael. Roedd hynny'n hwb i'r ego syndod o fregus a oedd ganddo er gwaetha'i ddawn a'i hyder allanol. Pan ysgydwodd Seren ei gwallt o'r gynffon dynn, sborti honno a'i ollwng yn donnau duon hyd at hanner ei chefn, fe'i rhwydodd. Roedd yna rywbeth yn ei chadernid a'i grym ewyllys, yn ogystal â'r ffaith ei bod hi'n ei gwneud hi'n amlwg iddo'i bod hi wedi gwirioni'i phen amdano, a barai i Llew deimlo'n od o ddiogel am gyfnod.

Ond fel pob tŷ a adeiledir ar dywod, dechreuodd seiliau'r berthynas sigo. Doedd hyder Seren mo'r affrodisiac y tybiodd Llew iddo fod ar gychwyn eu carwriaeth. Roedd y dduwies gref ei chluniau ac uchel ei chloch yn rhy wylaidd a llywaeth pan oedden nhw ar eu pennau'u hunain. Yn rhy barod ei chymwynas pan oedden nhw'r tu ôl i ddrws caeedig nes bod ei hangen amdano'n ymddangos yn desbret. I Llew, roedd yr her wedi mynd ac aeth ei hobsesiwn hithau i'w blesio yn wrthun ganddo fel y teimlodd ei hun yn pellhau oddi wrthi. Yn gofyn y cwestiwn trymlwythog, oesol hwnnw drosodd a throsodd iddo fo'i hun yn nryswch ei feddwl: ai dyma'r cyfan sydd?

Lwsi Gruffydd atebodd y cwestiwn hwnnw iddo ar yr adeg fwyaf annisgwyl, pan nad oedd o'n chwilio am wybodaeth amgenach nag a fyddai gan y siop gitârs y plectrym addas ar gyfer y gìg nesaf. Roedd ganddo arferiad ychydig yn egotistaidd o luchio'i bic i ganol y dorf ar ddiwedd gìg, ond golygai hynny'i fod o'n fyr ar sawl achlysur o'r trionglau bychain plastig a oedd mor dyngedfennol i arbed pennau'i fysedd rhag rhwygo'n racs. Roedd hi'n sefyll o'i flaen o, a Siôn Biriyani'n chwalu drwy'r bocs sgidia ar y cownter a oedd yn cynnwys lobsgows o becynnau sgwâr. Roedd Siôn yn stereoteip perffaith o hen rocar na lwyddodd o erioed i suddo yn ei ôl yn gyfforddus i fywyd bob dydd ar ôl cyffro bywyd ar y lôn. Ffurfiodd ei fand dros ugain mlynedd yn ôl wedi cyfuniad o bigo enwau hefo pìn oddi ar fwydlen y Tandoori Palace a rhywun yn gweiddi o rywle: Tyrd â bîar i Ian ni! Bedyddiwyd Biriyani yn y fan a'r lle. Roedden nhw'n dal i ddod at ei gilydd i gigio'n achlysurol, er bod gwalltiau'r hogia'n deneuach ac yn wynnach a'u boliau nhw'n fwy crwn, a'u bod nhw'n gwneud jobsys normal fel gweithio mewn siopau gitârs.

Roedd rhamant yr hyn a fu'n dal ei afael yn dynn o hyd yn Siôn, fel ogla'r sbliff ar ei wasgod denim.

"Be' oddach di isio, Lw? Neilon string, ia? Cofio'r gitâr wan. Honna ddoist ti i mi i roi peg newydd arni, 'de? Blydi lyfli o sŵn ynddi 'fyd, chwara teg."

Cydiodd y sgwrs a oedd yn datblygu o dan ei drwyn yn nychymyg Llew'n syth. Hynny a'r persawr gwanwynol a godai'n chwaon oddi ar wallt y ferch benfelen a safai o'i flaen. Yn y man, fe ddeuai i wybod mai lliw potel oedd y melyn, a byddai'i gwallt yn tywyllu ac yn britho'n slei yma ac acw wrth iddi heneiddio; byddai hynny yn ei dro'n peri iddo'i charu'n fwy, nid yn llai wrth i'r cwlwm rhyngddyn nhw dynhau. Ond rŵan roedd hyn, eu cyfarfyddiad cyntaf, sŵn ei geiriau a phersawr ei gwallt, yn crogi o flaen llygaid Llew megis y gronynnau llwch sy'n nofio mewn haul benthyg: gronynnau fel eiliadau, darfodedig a dwys, sy'n newid bywydau.

Cododd Siôn ei lygaid o'r bocs a'u hoelio ar Llew. Ei dynnu i'r sgwrs.

"Sagadia. Sbanish gitâr, ond wedi'i gneud yn Japan. Gelan, 'ta be'? Ond tôn! Melys fatha mêl. Indian rosewood fretboard," medda fo, yn swnio fel pe bai o'n darllen o gatalog.

"Y sowndbôrd sy'n deneuach yn rheinia," medda Llew. "Meddalu'r dôn. 'Dyn nhw'm yn eu gneud nhw fela dyddia yma. Cwaliti."

Trodd y ferch benfelen ac edrych i fyny arno. Esgyrn ei bochau'n uchel a main. Esgyrn merch borslen fel yr antîcs yng nghwpwrdd ei nain. Edrychai'n ysgafn drwyddi i gyd, fel deryn.

"Llew Deunaw!" meddai, mewn chwerthiniad bach nerfus, sydyn. "Dim rhyfedd dy fod ti'n gymaint o ecsbyrt ar gitârs. Nid pawb sy'n gwbod stwff fela. Wel, heblaw am Siôn 'ma, wrth gwrs!"

Roedd o'n gompliment braf, y ffaith ei bod hi wedi'i adnabod o oherwydd y band. Ymddiheurodd hithau wedyn, yr un mor sydyn.

"Sori. Dwi'm yn gwbod dy enw dwytha di!"

"Dwi'm yn meddwl bod neb yn cofio fod gen i enw arall erbyn hyn. Dyna'r drwg pan ti mewn band. Mae o'n cymryd drosodd."

"Ti'n deud wrtha i," medda Siôn, a'i lygaid erbyn hyn yn eu holau yn y bocs. "Lwcus ar y diawl bod ninna'n ddigon sobor y noson honno i beidio galw'n hunain yn Popadom. Fedra i fyw heťo Siôn Biriyani, jyst abowt."

Cyfarfu eu llygaid dros ben moel Siôn. Roedd ei rhai hi'n llawn chwerthin. Ond rhyw hiwmor bregus oedd o. Pe bai Llew'n ei hadnabod hi, byddai'n debyg o feddwl ei bod yn llwydaidd ei gwedd, fel rhywun newydd ddod dros bwl o'r ffliw. Pe bai o ddim ond yn gwybod, byddai hynny'n beryglus o agos at y gwir. Roedd hi newydd amau'i bod hi'n feichiog, amau mai'r salwch bore oedd yn cicio i mewn, ac mai dyna pam ei bod hi'n teimlo mor uffernol yn ystod y dyddiau diwethaf. Roedd hi'n drysu gan ofn ac ansicrwydd a phwysau'i chyfrinach; wedi cydio yn y gitâr a gafodd yn anrheg gan ei thaid am basio'i harholiadau er mwyn trio lleddfu'i hofnau, rhywbeth y byddai hi'n dal i'w wneud am weddill ei hoes pan fyddai cwmwl yn dod drosti. Rhywbeth y byddai hi'n ei wneud rhyw ddydd i suo'i phlant i gysgu.

Pe bai hithau ddim ond yn gwybod.

Y bore hwnnw, torrodd un o'r tannau. Ffawd. Roedd o i fod i dorri, fel roedd hithau i fod i fynd i'r siop gitârs eiliadau cyn i Llew Deunaw gerdded i mewn a sefyll tu ôl iddi yn y ciw o ddau. Roedd yntau i fod i sylwi ar ei hwyneb gwelw, a chofio mai Lw y galwodd Siôn hi. Roedden nhw i fod i daro sgwrs am *Indian rosewood* a hithau'n dweud pren rhosyn a Siôn yn dweud: naci, coeden drofannol ydi hi, a Llew'n gofyn be' ydi dy enw di'n llawn ac wyt tithau mewn band a hithau'n ateb: na; canu i mi fy hun fydda i pan dwi'n teimlo'n drist.

Ac roedd Siôn Biriyani i fod i gael pwl o sensitif-rwydd anghyffredin, a sylwi fod sbarc rhwng y ddau yma cyn eu bod nhw wedi cael amser i sylweddoli hynny eu hunain, a chymryd arno mai yn y cefn roedd y tannau neilon wedi'r cyfan ac ella y cymra hi bum

49

munud go lew, wir, iddo fo roi'i law arnyn nhw. Canlyniad holl ymyrraeth Ffawd yr amser cinio hwnnw oedd i Llew gyhoeddi bod syched annaturiol wedi dod drosto fo o rywle, ac a oedd hi'n rhy gynnar am beint, 'ta be'? A hithau'n dweud: oedd, braidd, iddi hi, ond doedd hi ddim yn rhy gynnar am banad chwaith, nag oedd?

Ac o'r fan honno y blodeuodd pethau. Mae yna'r ffasiwn beth â chariad ar yr olwg gyntaf. Dydi pobol, at ei gilydd, ddim yn credu ynddo fo am y rheswm syml nad ydi o erioed wedi digwydd iddyn nhw. Ac mae peidio â'i brofi o, ond eto clywed amdano fo'n digwydd i eraill, yn magu sinigiaeth ynddyn nhw. Anghrediniaeth. Dydi o'n ddim byd ond chwant, siŵr iawn. Rhyw. Blys. Rhywbeth cnawdol. Ond y sinics ydi'r rheiny. Gwyddai Lw o'r eiliad yr edrychodd i fyw llygaid Llew ei fod o'n rhywun y gallai hi ymddiried ynddo. Majic ydi hynny. Yr hud a lledrith sydd i'w gael mewn bywyd bob dydd os ydi rhywun yn ddigon ffodus i daro arno fo. Lwc mwngral ydi o, a dim byd arall, fel tsiansio cerdded o dan ystol a thrwy ryw wyrth mae'r boi sy'n sefyll yn ei phen hi'n gollwng ei forthwyl ar y pafin yn lle ar dy ben di. Fel ennill loteri. Fel gweld seren wib. Dim byd ond lwc.

Ond mae dwy ffordd o edrych ar bopeth. Gwyddai Llew ei fod o'r munud hwnnw wedi baglu dros rywbeth prin. Doedd dim dwywaith amdani. Roedd o'n mynd ar ei ben i rywbeth nad oedd ganddo reolaeth drosto, fel disgyn dros ddibyn heb unrhyw ddull na modd i'w achub ei hun. Yn yr eiliadau hynny, teimlai'n chwil, yn stônd bron, a'i fod yn cael ei gymell gan chweched synnwyr na wyddai am ei fodolaeth cynt. Ac ar un ystyr, roedd hyn i gyd yn grêt.

Meddyliodd am ei daid yn dweud yr hanes am y tro cyntaf y gwelodd o Nain yn hogan ifanc landeg yn ennill ar yr unawd soprano yn steddfod y capel, a gwybod y munud hwnnw mai hi oedd yr un y byddai'n ei phriodi. Roedd o'n rhedeg yn y teulu, mae'n rhaid. Bril. Nais won, Taid. Ond mae'n debyg nad oedd gan ei daid yr un cymhlethdodau yn ei fywyd ag roedd ganddo fo. Oherwydd roedd Seren yn gariad iddo, yn doedd? Yn gariad bron yn orfeddiannol, a'i hawydd i fod yn bwysicach iddo na neb yn ymylu ar obsesiwn. Roedd hi hyd yn oed wedi mynnu cael modrwy ganddo ar ei phen-blwydd. Cytunodd yntau ar hyd ei din, mynnu nad modrwy ddyweddïo oedd hi. Wrth gwrs, meddai Seren, â'i gwên fel Pont y Borth, ond fe'i gwisgodd ar ei bys dyweddïo serch hynny. Ei daflu oddi ar ei echel. Teimlai fel baedd yn cael ei dwsu wrth y fodrwy ddychmygol yn ei drwyn yntau. Yn ddiamddiffyn. Samson ar drugaredd Delilah. Pe bai pethau cyn hawsed â siafio'i ben, mi fyddai wedi gwneud hynny droeon i gael gwared arni. Cachwr oedd o. Byddai trio gorffen hefo hon fel dal pen rheswm hefo taran. Roedd o'n ysu ers tro am ddod â'r berthynas i ben, ac roedd hi fel pe bai hyn rŵan yn arwydd iddo. Y sgrifen ar y mur go iawn. Dechreuai boeni am yr holl alegorïau beiblaidd a oedd yn rhaffu drwy'i ben. Doedd o ddim yn foi crefyddol. Doedd o ddim yn fawr o ddim byd, heblaw conffiwsd. Ei ben o ar chwâl, a hynny nid oherwydd rhywbeth roedd o wedi'i smocio. Roedd y dryswch yma wedi'i daro am ei fod o newydd ddechrau siarad hefo merch ddiarth oedd yn chwarae gitâr pan oedd hi'n teimlo'n drist.

Roedd hynny'n rhywbeth arall. Yn rhywbeth ar wahân. Y tristwch. Chafodd o ddim gwybod beth oedd achos ei phoen am dridiau. Chysgon nhw ddim hefo'i gilydd am fis. Drannoeth gorffennodd Llew hefo Seren. Am wythnosau wedi hynny, teimlodd honno fod ei bywyd hi ar ben. Nes iddi gael gafael ar ddoctor ifanc a oedd yn gwneud ei drêning yn adran ddamweiniau'r ysbyty lleol pan aethpwyd â hithau yno mewn ambiwlans wedi troi'i ffêr mewn gêm netbol arbennig o ffyrnig. Byddai cyflog hwnnw yn y man yn dipyn mwy addawol na'r cildwrn a gawsai gitarydd mewn band roc Cymraeg, a phan ddaeth Seren Morgan yn Mrs Seren McGuigan, gwraig i feddyg teulu a allai fforddio caniatáu iddi'i dilladu'i hun yn siopau dillad merched mwyaf ecsglwsif yr ardal, fe'i hargyhoeddodd ei hun yng ngeiriau cân Greg Laswell ei bod hi, go iawn, wedi dojio bwlat.

Yr eironi oedd bod yr un peth yn wir am Llew. Megis dechrau roedd ei fywyd yntau ar ôl cyfarfod Lw. Fyddai o ddim yn fywyd hir, ond mi fyddai'n hapus. Byddai'n parhau i fod yn cŵl hyd weddill ei oes, yn ŵr a thad cariadus ac yn ennyn parch ei gyfoedion ym myd cerddoriaeth i'r graddau y byddai gormod o deyrngedau calonrwygol yn ei angladd, ac fe glywai sawl un Siôn Biriyani'n datgan rhwng chwerthin a dagrau wrth godi'i wydr peint i'r entrychion: I'r hen Ddeunaw, hogia, heddwch i'w lwch. Dwi'n siŵr bod 'na fwy yma heddiw nag oedd 'na yng nghnebrwn John Lennon, wir dduw.

# Lw

Dwi'n dewis bath yn lle cawod ar ôl dod adra. Mae'r gwaed yn dal i bwmpio i fy mochau a rhythmau'r rhedeg yn canu yn fy nghlustiau. Un, dau, un, dau. Teimlo'n nes at Llew nag erioed, er gwaetha'r styrbans hefo'r dynion goleuadau traffig. Ar adegau fel hyn, mae fy meddwl i bob amser yn crwydro'n ôl at ein cyfarfyddiad cyntaf. At y dyddiau cynnar pan nad oedd yna neb ond ni'n dau. Pharodd hynny ddim yn hir; y dim ond fo a fi. Wyth mis a bod yn fanwl gywir. Wyth mis nes daeth Rhun.

O'r eiliad y dechreuon ni siarad, mi wyddwn y medrwn i drystio Llew. Roedd o'n rhywbeth cyfrin, rhywsut. Dechreuon ni ddod i adnabod ein gilydd yn araf ac yn sydyn ar yr un pryd; araf am nad oedden ni'n teimlo unrhyw fath o angen na rheidrwydd i ruthro dim byd, oherwydd doedden ni ddim yn hollol siŵr am yr hyn roedden ni'n ein cael ein hunain iddo, a sydyn oherwydd fod bod yng nghwmni'n gilydd yn fwy naturiol na dim arall yn y byd. O'r cychwyn cyntaf, doedd yna ddim cogio hefo Llew. Gallwn fod yn fi fy hun hefo fo. Roedd hi cyn symled â hynny. Roedden ni'n gyfforddus hefo'n gilydd, ond nid rhyw ddedwyddwch i'w gymryd yn ganiataol oedd o chwaith. Roedd y sbarc yno. Y fformiwla gemegol nad oes modd ei dad-wneud. Dwi'n siŵr ei fod o'n

53

gynhenid mewn elyrch a phengwins, a phob rhywogaeth arall sy'n paru hefo cymar am byth. Roedden ni'n sôn am hynny o hyd, y pengwins. Jôc fach gyfrinachol fel sydd i'w chael rhwng eneidiau hoff cytûn. Mi eisteddon ni ryw noson yn gwylio un o raglenni David Attenborough am yr Arctig. Arhosodd y pengwiniaid yn driw i'w partneriaid drwy gorwyntoedd eira, yn rhynnu hefo'i gilydd yn eu cylchoedd bach tyn nes bod pibonwy'n ffurfio ar eu pigau nhw.

"Dyna be' ydi rhamant," medda fi, "a sbia bywydau caled maen nhw'n eu cael."

"Ia," meddai Llew, "yn union fatha'r bywyd dwi'n ei gael hefo chdi!"

Ac roedd y chwerthin yn tasgu drwy'i lygaid o. Y sbarcs. A finna'n nythu i wlân ei siwmper o, ei sawru o drwyddi a diolch am y diwrnod y torrodd y tant ar y Sagadia. Mi wnes i ymddiried ynddo bron yn syth am yr hyn roeddwn i'n ei wybod yn fy nghalon ond nad oeddwn i eto wedi gwneud y prawf swyddogol pi-pi ar damaid o blastig hefo ffenest arno i gadarnhau fy amheuon.

Doedd agor fy nghalon iddo am noson y parti ddim yn anodd. Fyddwn i byth wedi cyffesu fy nghywilydd wrth neb arall. Ond doedd o ddim yn beirniadu. Yn ystod y dyddiau cyntaf hynny, ffrind oedd o. Mêt. Cymorth mewn cyfyngder. Ceidwad cyfrinach. Roedd hi'n haws i mi ei weld felly oherwydd fod ganddo gariad. Soniodd o'r cychwyn am Seren, ac er ei bod hi'n amlwg ei fod yntau hefyd yn gosod rhyw fath o ffiniau, rhyw ymdrech hanner pob oedd hi i fy argyhoeddi fod ganddo egwyddorion. Wel, o fath. Roeddwn i'n ei ffansïo fo'n syth. Wrth gwrs fy mod i.

Llew Deunaw oedd o. Roeddwn i wedi'i lygadu o ar lwyfannau o bell ers talwm. Onid oedd pob merch o fy oedran i a wyddai unrhyw beth am fandiau Cymraeg y cyfnod yn meddwl ei fod o'n bishyn? Ond wnes i ddim caniatáu i mi fy hun ddychmygu hyd yn oed y posibilrwydd y byddai'n edrych ddwywaith arna i, yn enwedig a minnau'n feichiog hefo babi rhywun nad oeddwn i prin yn ei adnabod. Jyst fy lwc i, yn doedd? Taro ar yr hync mwyaf cusanadwy ar yr holl sin roc rhwng Caernarfon a Chaerdydd dim ond i'w gael o'n gonffidant platonaidd. Claire Rayner mewn côt ledar hefo stybl a chyhyrau a'r wên beryclaf yn y byd. O, a phartner ganddo hefyd, ac o wybod am nerth cyhyrau honno yn y byd chwaraeon sirol, doedd hithau ddim yn un y baswn i'n rhy barod i fod isio'i thaclo chwaith.

Felly dyna lle'r oedden ni, dau a oedd yn amlwg yn ffansïo'i gilydd nes bod eu llygaid a'u dwylo a'u hysgwyddau'n digwydd cyffwrdd yn 'ddamweiniol' yn rhy braf o aml i ddim ohono fod yn ddamweiniol o gwbwl, yn dadlwytho'r poenau oddi ar eu hysgwyddau fel dau garcharor yn wynebu eu swper olaf. Roedd y siarad mor rhwydd rhyngon ni. Ac efallai mai'r rhwystrau a'i gwnaeth hi'n haws: doedd yna ddim pwysau arnan ni, nag oedd, ar y naill na'r llall, i greu argraff? I fflyrtio, i hudo. Doedd yna ddim pwynt. Roeddwn i'n disgwyl babi rhywun arall – a hynny wedi digwydd o dan yr amgylchiadau mwyaf anffodus posib – ac roedd yntau hefo rhywun. Roedd hi'n dominô. Capẃt. Roedden ni wedi'n dedfrydu i fod yn fêts a dim arall. Ond dwi'n cofio teimlo y byddwn i'n fwy na bodlon setlo am hynny a chael tamaid bach ohono, pe na bai hynny ond am ddiwrnod neu ddau.

"Gwna'r prawf," medda fo.

Rhoddodd ei law dros fy un i ar y bwrdd wedyn. Roedd hi'n gynnes. Gadawodd hi yno am rai eiliadau, dal fy llygaid rhyw fymryn yn rhy hir. Plannu hedyn o rywbeth. Gadael gwres ei gyffyrddiad i bigo fy nghroen ymhell ar ôl iddo dynnu'i law o 'na. Ei stwffio i boced ei jîns fel pe bai o'n trio cadw rheolaeth arni. Pwyso'n ôl yn erbyn cefn ei gadair, coesau denim ar led, y nerfau yn ei goes chwith yn mynnu'i fod o'n sianelu'i rwystredigaeth drwy'i sawdl, ac yna i'w esgid feddal ac i'r llawr. Deuwn i wybod yn nes ymlaen fod hynny'n arferiad ganddo, yr aflonyddwch, tabyrddu'r nerfusrwydd fel pe bai o'n ateb rhythm rhyw gitâr fud yn ei ben.

"Dwi ofn," medda finna.

Aethon ni'n ôl i'r fflat, a disgwyliodd amdana i tu allan i ddrws y bathrwm fel darpar dad nerfus. Roedd fy nerfau'n racs hefo'r holl ddisgwyl a chyfri munudau a oedd fel oriau. Doedd o ddim yn ganlyniad sydyn, fel mae profion beichiogrwydd heddiw. Eiliadau'n unig cyn derbyn newyddion sy'n newid bywydau. Gymrodd hyn bron i hanner awr. Gallwn glywed sŵn traed Llew'n newid tempo yn erbyn y llawr pren. Roedd fy nagrau'n ddigon pan agorais y drws. Daliodd fi'n dynn.

"Dwi'm isio deud wrtho fo," medda fi. "Dwi'm isio i Arthur wbod."

"Ti wedi deud wrtha i," medda fo. "Does dim rhaid i ti ddeud wrth neb arall."

"Mi fydd yn rhaid i mi feddwl … trefnu … penderfynu … O mai god, wn i'm be' wna i …"

"Neith hi banad, ella?"

Pe bai hon wedi bod yn sefyllfa normal, mi fasen

ni wedi'n llarpio'n gilydd mewn cusan. Er holl angst yr amgylchiadau roeddwn i ynddyn nhw, dyna'r un peth roeddwn i'n dyheu amdano fo. Roeddwn i wedi'i gyfarfod o ers tridiau, ac yn teimlo fel pe bawn i wedi'i adnabod o erioed. Gwyddwn ei fod yntau'n teimlo'r un fath. Er mor ansicr roeddwn i ohona i fy hun ac o ddynion yn gyffredinol ar y pryd, doedd hi ddim yn cymryd jîniys i weld hynny. Laciodd o mo'i afael ynddo i. Mi fedrwn i deimlo'r un cryndod yn ei gerdded yntau. Doeddwn i ddim isio i'r cwtsh ddod i ben, dim ond dal i nythu fy moch yn feddiannol yn erbyn ei wegil o. Roedd agosrwydd hynny fel cusan ynddo'i hun. Daeth pwl o gydwybod drosta i, o gofio'r hyn oedden ni – neu'n hytrach, yr hyn nad oedden ni. Roeddwn i ar fy mhen fy hun mewn coflaid dynn hefo cariad merch arall, a newydd ymddiried ynddo'r gyfrinach drymaf a fu gen i erioed.

Roedd hi bron fel pe baen ni'n dau'n trin yr hyn a oedd yn amlwg yn blodeuo rhyngon ni hefo rhyw fath o barchedig ofn, hefo'r nerfusrwydd hwnnw sy'n meddiannu rhywun wrth fyseddu llestr prin ac ofnadwy o fregus. Pan gysgon ni hefo'n gilydd o'r diwedd, roedd fflamau'r gannwyll yn creu patrymau tylwyth teg ar hyd y parwydydd. Roedd y profiad hwnnw o deimlo'n un hefo fo mor gryf nes ei fod o'n pigo fy llygaid i. Gallwn deimlo'i galon o'n curo mewn sync hefo fy un i, a dyna pryd y dywedodd o, cyn iddo ddweud ei fod o'n fy ngharu i: "Dwi'n teimlo mai fi ydi'i dad o rŵan. Neu hi. Tasat ti'n hapus hefo hynny."

A dyna pryd a sut y penderfynais i nad oedd yna unrhyw ddewis ond cadw'r babi. Cadw Rhun. Ein plentyn ni oedd o, wedi'i gadarnhau mewn cariad.

Doedd bioleg y cenhedlu ddim yn bwysig. Ddim hyd yn oed yn gofiadwy. Llew, a dim ond Llew, fyddai tad y plentyn yn fy nghroth ac roedd y cyfan yn teimlo mor iawn, yn syml a hawdd a glân. Wel, mi roedd o, gan nad oedd o'n cyffwrdd neb arall ond y ni. Ond doedd hynny ddim yn mynd i fod yn bosib am lawer hirach. Byddai'n rhaid cynnwys pobol eraill, o reidrwydd. Dweud wrth bobol eraill, ac wrth wneud hynny, eu tynnu hwythau i mewn i'r briwas pe baen ni'n dymuno hynny ai peidio. Byddai'n rhaid iddo fo ddweud wrth Seren fod y cyfan drosodd rhyngddyn nhw. Byddai'n rhaid i minnau ddweud wrth fy chwaer a fy rhieni. Gallwn ddychmygu'r sgwrs fel rhywbeth mewn drama deledu am bobol ifanc yn mynd oddi ar y rêls: Mam, Llew ydi hwn. Mae o'n chwarae gitâr mewn band roc, ac yn smocio ambell i sbliff. Sgynno fo'm joban iawn ar hyn o bryd, ond 'dan ni mewn cariad ac yn bwriadu bod hefo'n gilydd unwaith bydd o wedi gorffen efo'r hogan mae o'n ei chanlyn. O, ia, a 'dan ni'n mynd i gael babi mewn wyth mis.

Mae dŵr y bath yn oeri wrth i mi orwedd yma'n hel meddyliau, a blaenau fy mysedd i'n grychau meddal. Bryd hynny, roedd fy mol i'n fflat fel mae o rŵan. Yn fwy fflat, pe bawn i'n greulon o onest. Dwi'n meddwl am falchder Llew pan anwyd Rhun. Yna'n meddwl am Rhun. Hogyn ei dad. Potsian hefo gitârs, ffurfio bandiau. Yn meddwl faint o gefn roedd o i mi a Gruff pan gollon ni Llew. Mi dyfodd i fyny dros nos, ei alar yn dynn fel tant, yn ei gadw'n gryf. Dwi'n fy mharatoi fy hun i suddo i fwy o atgofion pan fo sŵn fy ffôn yn pingian ar gaead y lle chwech. Yn fy ngwylltio, drysu fy hiraeth. Tecst ydi o, gan Bel:

*OMG, oeddet ti'n gwbod??? Arthur Plas di dod
adra!*

Mae dŵr y bath yn llugoer, yn gyrru iasau drwydda
i, ac mae'r bybls wedi diflannu'n llwyr.

# Miriam

Lwsi oedd y gallaf o'r ddwy erioed. Y lleiaf byrbwyll. Pe bai rhywun wedi dweud wrtha i y byddai un o fy merched i'n dod adra ac yn dweud ei bod yn feichiog ac mai rhyw bync rocar hirwallt hefo penna glinia rhacs oedd y tad, mi faswn i wedi betio mai Bel fyddai honno. Cefais fy siomi, ond o'r ochr orau fel y mynnodd hynny fod yn y pen draw. Fyddwn i ddim wedi dymuno cael mab-yng-nghyfraith anwylach na Llew, er na phriodon nhw nes roedd Rhun yn ddwyflwydd oed.

Feddyliodd neb, mae'n debyg, fod gan Llew, o dan y mop gwallt anystywallt hwnnw, ben busnes a fyddai wedi caniatáu iddo wneud bywoliaeth ar y farchnad stoc pe bai o wedi bod yn berchen siwt. Sefydlodd y cwmni recordio 'na, llwyddo i seinio a hyrwyddo nid yn unig rai o enwau mwyaf Cymru ond sêr pop o'r tu draw i Glawdd Offa'n ogystal, a dod yn dipyn o seléb ei hun erbyn diwedd ei oes. Oes a oedd flynyddoedd yn rhy fyr. Ond roedd Lw a fo'n hapus tra parodd pethau, yn gwpwl euraid go iawn. Mi weithiodd pethau. Roedd yna gariad rhyngddyn nhw. Cariad go iawn. Er bod Lwsi wedi dioddef colled galonrwygol pan fu farw Llew, a hynny'n llawer rhy greulon o gynnar, mi brofodd gariad yn ei ffurf buraf. Roedden nhw'n byw tu mewn i gloriau eu stori garu eu hunain. Faint o bobol fedar ddweud hynny? Mi fedar y rhan fwyaf ohonan ni fyw oes heb brofi gwefr felly.

Hyd yn oed y rhai ohonan ni sydd wedi bod yn briod bron am byth.

Mi fydd Hedd a fi'n dathlu pen-blwydd priodas fis nesaf. Dros ddeugain mlynedd. Priodas saffir ydi o, medda Bel. Pedwar deg pump. Hŷn na Llew. Mae hynny'n pigo fy llygaid i. Dwi ddim isio ffỳs, ond mae'r genod yn mynnu. Hyd yn oed Lw. Yn enwedig Lw. Mae hi fel pe bai hi'n trio profi rhywbeth. Ei chryfder. Ei gallu i ddelio hefo pethau. Ar yr wyneb mae o i gyd. Ond dwi'n dallt. Mae o'n rhywbeth mae'n rhaid iddi'i wneud er ei mwyn ei hun. Profi nad ydi hapusrwydd pobol eraill yn tarfu arni.

Hapusrwydd, medda fi. Ydi hynny'n wir amdana i a Hedd? Efallai mai dedwyddwch ydi o, ar binsh. Ond mae yna gynodiadau o hyfrydwch ac ymddiriedaeth a mwynhau cwmni'r naill a'r llall yn hynny hefyd, yn does? A dyna'r realiti cignoeth nad ydi neb arall, yn enwedig y genod, yn ei sylweddoli. O achos wn i ddim â fy llaw ar fy nghalon a ydi Hedd a fi'n hapus hefo'n gilydd yng ngwir ystyr y gair. Roedd hynny'n fy mhoeni ar un adeg. Rhyw rygnu yn ein blaenau rydan ni wedi'i wneud ers dipyn o dro. Dwi'n credu mai goddefgarwch sydd wedi'n cadw hefo'n gilydd dros y blynyddoedd. Dyletswydd tuag at y genod, yn ogystal â'r ofn hwnnw o dynnu gwarth am ein pennau sy'n felltith o hyd arnan ni'r genhedlaeth hŷn. Rydan ni'n rhy ymwybodol o'r hyn y mae cywilydd yn ei olygu i fedru magu digon o ddewrder i dorri'n rhydd o'n camgymeriadau, mae'n debyg.

Nid fod priodi Hedd yn teimlo fel camgymeriad.

Wel, nid ar y dechrau, yn ystod y blynyddoedd cynnar hynny. Roedden ni'n ifanc, wedi'n magu ar ddelfrydau. Doedd yna ddim craciau mor fawr na allai nosweithiau o garu tanbaid bapuro drostyn nhw bryd hynny. Mae unrhyw berthynas fel pâr o sgidia, yn mynd yn brafiach i'w gwisgo wrth i'r lledr feddalu, ond os nad ydi'r lledr hwnnw'n cael dipyn o ofal o bryd i'w gilydd mae o'n bownd o golli'i sglein. Erbyn y diwedd, does dim byd ar ôl, dim ond y bocs, ac mae hyd yn oed hwnnw bellach wedi mynd i ddal pethau amgenach.

Dwi'n gwybod ei fod o wedi cael affêrs. Dwy neu dair. Erbyn yr olaf doeddwn i ddim yn trafferthu i ffraeo hefo fo am y peth, dim ond gadael iddo wybod fy mod innau'n gwybod yn fy ffordd fy hun. Mi wyddwn na fasai o'n fy ngadael i. Doedd ganddo mo'r bôls. Gormod i'w golli. Fel y gwyddai yntau y byddai gen innau ormod o gywilydd i gyfaddef yn gyhoeddus ei fod o'n fy nhwyllo i. Roedd y cyfan oedd gynnon ni'n dibynnu ar gadw wyneb, ar fod ofn beirniadaeth pobol eraill. Roedd hi'n act fawr, y briodas berffaith, y tŷ crand a'r gwyliau a'r ddau gar ar y dreif; dyna oedd y glud a oedd yn ein cadw ni hefo'n gilydd. Hynny a'r genod. Dyna oedd pobol yn ei wneud ers talwm, aros hefo'i gilydd er mwyn y plant. Nid fy mod i'n argyhoeddedig fod Hedd isio mynd o gwbwl; gemau oedden nhw, ffantasïau. Doedd y merched yma'n golygu dim iddo fo, a dyna sut y llwyddais i, am wn i, i gadw mor gryf. Wel, hynny ydi, tan yr olaf ohonyn nhw. Roeddwn i'n gallu dweud fod honno'n golygu rhywbeth iddo, ac roedd hynny'n brifo.

Pethau bach oedden nhw. Yr arwyddion. Roedd o'n fwy tawedog adra, mŵdi. Hefo'r lleill, roedd o'n medru cau'i odineb tu allan i'r drws ac ailgydio ynddo i'w ddifyrru'i hun pan oedd hynny'n gyfleus iddo. Am nad oedd ots amdanyn nhw, y merched sentiog dros dro 'ma, gwragedd pobol eraill oedd yn bôrd yr un fath â fo ond a oedd yn rhy hoff o'r bywyd a oedd ganddyn nhw i wneud gormod o lanast o bethau. Ond roedd hi'n wahanol hefo hon. Mae o'n fy lladd i i gyfaddef hynny o hyd, hyd yn oed wrtha i fy hun, ond oedd, roedd hon yn sbesial.

Mi fyddwn i'n syllu arno fo weithiau wrth iddo wylio rhywbeth ar y teledu a oedd yn cynnwys cariad neu ramant. Fu o erioed yn un teimladwy ar gownt rhyw bethau felly, ond mi welwn i o'n cnoi'i wefus a rhyw sglein yn dod i'w lygaid o. Roedd o'n pigo'i fwyd, yn cuddio'i ffôn, yn tynnu mwy nag arfer o arian sychion o'r twll yn y wal. Parodd hyn am sbel. Dwi'n ei adnabod o'n ddigon da. Roedd popeth ynglŷn â'i ymarweddiad o, y ffordd roedd o mor orofalus i drio cuddio'i deimladau, yn fy nychryn i. Dyna pam fod arna i ofn ei daclo am y peth: roedd o ormod o ddifri am hon. Pe bai o'n mynd i fy ngadael i am unrhyw un, ati hi y byddai o wedi mynd. Dwi'n grediniol o hynny. Ac yna newidiodd pethau. Mi aeth Hedd at y doctor, er nad oedd o'n sâl, am brawf mae dynion o'i oed o ym mhobman yn cael eu hannog i'w gael. Doedd o'n poeni dim. Doedd 'na ddim byd yn bod arno fo, nag oedd? Yn sgil canlyniadau'r prawf hwnnw, cafodd ei anfon i weld consyltant. Pnawn braf. Dal i deimlo'n iawn. Poeni mwy am ei dicad parcio nag am ddim byd arall. Nes tynnodd y consyltant ddeiagnosis megis o nunlla fel cwningen allan o het.

A newidiodd popeth.

Mae gan ganser y gallu i wneud hwyl am ein

pennau ni i gyd. Y gallu i lorio. Fel daeargrynfeydd a chorwyntoedd a swnamis. A Duw. Gan amlaf, does dim dadlau hefo fo. Ond bu Hedd yn lwcus. Os mai dyna'r gair. Cafwyd y tiwmor oddi yno'n lân, fel tynnu llygad o daten. Ond ar ddiwrnod y llawdriniaeth a achubodd ei ddyfodol, llawdriniaeth glyfar, gywrain na fyddai dim o'i hôl wedi i'r creithiau-twll-clo ar ei fol lyfnhau a diflannu, tynnwyd rhywbeth arall oddi arno hefyd.

Rhywbeth ysbeidiol oedd rhyw rhwng Hedd a fi ers blynyddoedd. Wel, onid oedd o wedi arfer mynd i chwilio amdano i lefydd eraill? Collodd y weithred ei rhin pan gollon ni'r awydd i gusanu. Beth oedd holl bwynt y mecanics i gyd wedyn? Yr eironi oedd nad oedd canlyniad creulon ei lawdriniaeth yn mynd i effeithio dim ar ein bywyd ni hefo'n gilydd.

"Peidiwch â digalonni," meddai'r arbenigwr. "Amser a ddengys. Mae yna rwydweithiau o nerfau syndod o ddelicet o gwmpas y prostad, ac maen nhw wedi bod drwy'r felin."

Roedden ni'n eistedd yno o'i flaen o fel Siôn a Siân. Y cwpwl perffaith. Y gŵr dewr a'i wraig gefnogol. Dwy wên lydan, lugoer fel pe bai pypedwyr y Fall yn tynnu'r llinynnau yn rhywle uwch ein pennau ni. Y ddau ohonan ni'n gwybod na fyddai dim o'r hyn roedd y doctor yn ei ddweud yn berthnasol i'n perthynas ni. Roedd yr ochr honno i bethau'n farw fel hoel ers amser maith. Ond byddai hi'n berthnasol i Hedd pe bai o'n dal i gyboli hefo'r ddynes arall honno. Roeddwn i'n dawel fy meddwl ers sbel mai hen hanes oedd hi bellach, wrth gwrs, ond er fy ngwaethaf, roedd yna ran fach ohona i'n teimlo'n drist drosto fo. Dwi'n gwybod mai llawenhau ddylwn i. Ymfalchïo yn y ffaith ei bod hi'n gwbwl debygol o hynny ymlaen na fyddai ganddo na'r awydd na'r gallu i fy nhwyllo i byth eto. Oni fyddai hynny'n ddialedd perffaith ar ŵr anffyddlon? Ond rŵan ein bod ni wedi cyrraedd y pwynt hwnnw lle'r oedd Hedd wedi brifo gormod arna i yn y gorffennol i mi allu teimlo dim erbyn hyn, dim hyd yn oed sbeit, cefais y gras o rywle i estyn fy llaw, a'i gosod am ennyd dros ei law yntau. Golchodd rhywbeth tebyg i dosturi drosta i, a gostyngodd yr arbenigwr ei ben am ennyd. Roedd o wedi gweld hyn i gyd sawl gwaith o'r blaen, pobol yn paratoi i alaru ar lan bedd eu bywyd rhywiol. Doedd o ddim i wybod nad pryderon am ei berthynas â'i wraig oedd yr anobaith oedd yn niwlio yn llygaid Hedd y munud hwnnw.

Ar y ffordd adra, mi stopion ni am goffi mewn siop grefftau gyfagos. Mi siaradon ni am bopeth dan haul ond y peth oedd yn pwyso fwyaf arnan ni'n dau. Roedd hi fel pe bawn i newydd fod hefo fo'n cael cyngor ar sut i ddelio hefo llawdriniaeth ar fawd ei droed. Chyfeirion ni ddim at yr hyn a ddywedwyd yn ystod yr apwyntiad, nid y diwrnod hwnnw na byth wedyn. Roedden ni wedi byw cyhyd hefo'r eliffant diarhebol hwnnw yn yr un ystafell fel ein bod ni bellach wedi rhoi iddo'i lofft arbennig ei hun.

Aeth bywyd yn ei flaen. Yr un rhygnu dow-dow arferol. Setlodd rhyw gwmwl o dderbyn y drefn dros bopeth, llyfn a saff fel y croen ar bwdin reis. Mi aethon ni hyd yn oed i ffwrdd ar wyliau hefo'n gilydd unwaith neu ddwy. Roedd hi fel pe bai holl dempo bywyd wedi arafu, a ninnau'n barotach nag y dylen ni fod i ymddwyn yn hŷn na'n hoed.

Roedd ein bywydau ni'n ddigon llawn hefo'r genod

a'r wyrion. Mae Lw wedi dod drwyddi'n rhyfeddol ers colli Llew, ond er bod pum mlynedd ers hynny does yna ddim golwg amdani'n hyd yn oed yn edrych i gyfeiriad dyn arall. Wn i ddim a ydi hynny'n beth da. Llew fyddai'r cyntaf i fynnu'i bod hi'n ailganfod hapusrwydd hefo rhywun arall. Mae hi'n dal yn ifanc. Mae hi'n haeddu teimlo'r angerdd yna eto. Ond does fiw sôn. Eliffant arall.

A Bel ydi Bel. Pe bawn i'n dal i gario beichiau pob anghaffael mae hi'n ei chael ei hun iddo, mi fyddwn i wedi tynnu gwallt fy mhen bob blewyn. Yr unig beth fedra i'i wneud bellach ydi bod yno iddi i'w helpu i godi'r darnau pan fydd canlyniadau'i byrbwylltra diweddara'n chwalu'n deilchion. Dwi'n gwybod mai at Lw mae hi'n troi amlaf, ond mae gan honno ddigon ar ei phlât rhwng popeth. Dydi'r un o'r ddwy ohonyn nhw'n ymwybodol fy mod innau'n gwybod am antics Bel hefo Ifan McGuigan. Mi fedrwn i'i hysgwyd hi weithiau nes bod ei dannedd hi'n clecian – a rhoi andros o gwtsh iddi wedyn, wrth gwrs. Does gen i ddim hawl i fusnesa, a hithau'n ferch yn ei hoed a'i hamser. I fod. Thyfith Bel byth i fyny. Dyna'i drwg hi – neu'i rhinwedd hi, efallai. Weithiau, mi leciwn i fedru ymddiried fy mhryder amdani yn rhywun. Mi ddylwn fedru troi at Audrey. Yn enwedig â'r holl hanes sydd rhyngon ni'n dwy. Ond stori arall ydi honno. Ydi, mae Audrey'n hanner chwaer i mi, ond fedrwn i ddim disgwyl iddi fod yn ddiduedd, nid a hithau'n llysfam i Seren. Wel cyn-lysfam, os oes yna'r fath beth. Dydi Audrey ac Arwyn ddim yn briod erbyn hyn, ond ydi rhywun yn rhoi'r gorau i ddyletswyddau mam pan fo priodas yn chwalu? Wn i ddim pa mor agos fu hi a Seren chwaith. Dydi Audrey erioed wedi ymddiried llawer ynof fi am ei bywyd hefo Arwyn a wnes innau ddim pwyso. Mae hi'n cadw rhywfaint o bellter rhyngon ni erbyn hyn. Gwell felly. Er ein mwyn ni i gyd. Mae hi wedi bod drwy lot. Os ydi unrhyw un yn gwybod sut i gadw cyfrinach, wel, Audrey ydi honno. Ond mae hon yn sefyllfa rhy chwithig. Leciwn i ddim i Audrey wybod fod fy merch ieuengaf wedi cael affêr hefo gŵr Seren. Eironi'r cyfan, mae'n debyg, yw y byddai Audrey'n llai beirniadol o Bel na neb.

Dwi'n dweud 'wedi' ynglŷn â pherthynas Bel ac Ifan. Mae rhyw chweched synnwyr yn fy argyhoeddi bod pethau wedi tawelu'n ddiweddar. Dwi'n gobeithio hynny o waelod calon. Mi fyddai Lw'n gwybod, ond does fiw i mi holi. Wedi'r cyfan, dydw i ddim i fod i wybod dim, nac'dw? Ond mae yna ddatblygiadau. Mae Arthur Plas wedi dod adra. Mi fydd yna grychau ar wyneb popeth rŵan, mae hynny'n bendant. Mi dorrodd Bel ei chalon pan adawodd Arthur am Awstralia, a hynny jyst cyn i Llew druan gael ei daro'n wael. Wn i ddim yn iawn hyd heddiw be'n union ddigwyddodd rhyngddyn nhw. Esgus Bel oedd nad oedd hi'n fodlon ei ddilyn i ben draw'r byd pan gafodd o'r swydd allan yno. Ond roedd mwy i bethau na hynny. Mae Bel wastad wedi bod yn un am her, antur. A dyna fyddai Awstralia wedi bod. Fu hi erioed yn fwriad gan Arthur, o'r hyn a ddeallais i, aros draw yno am byth.

Na, roedd yna rywbeth arall. A rŵan, mae Arthur yn ei ôl, ac mi fetia i y bydd o'n creu mwy o gynnwrf na llwynog mewn cwt ieir. Mae fy ffôn i newydd oleuo. Tecst gan Lw. Rhywbeth ynglŷn â'r trefniadau am y parti pen-blwydd priodas, siŵr o fod. Dwi'n gadael iddi wneud sbloet fel fynno hi er nad oes ots gen i a fydd parti neu beidio. Mae o'n mynd â'i meddwl hi. Fel'na mae hi wedi bod ers colli Llew. Ei thaflu'i hun i mewn i ryw brosiect neu'i gilydd er lles pobol eraill, a dydi'r dathliad 'ma'n ddim gwahanol. Dwi'n pwyso'r botwm gan ddisgwyl un o'i chwestiynau arferol ynglŷn â 'gwyn 'ta melyn? Opsiwn 1 'ta Opsiwn 2 o'r dewisiadau bwffe?' Ond mae'r hyn dwi'n ei weld yn ddisgwyliedig o annisgwyl. Oherwydd ei fod yn ymwneud â Bel.

*"OMG, Mam. Bel wedi colli'r plot go iawn. Mae hi newydd ddwyn ci!"*

# Lw

"Ei ddwyn o? Be' ti'n ei rwdlian? Mae 'na wahaniaeth mawr rhwng dwyn ac achub. Ac eniwe, hi ydi o, dim fo. Ast."

Dwi'n gorfod meddwl am eiliad p'run ai ataf i ynteu at yr anifail y mae hi'n cyfeirio.

"Dwi am ei galw hi'n Edith. Achos mai brid o Ffrainc ydi hi. Dogue de Bordeaux."

"Edith oedd enw Nain. Ac o Rydyclafdy roedd honno'n dod, nid o Ffrainc."

"Edith ar ôl Edith Piaf," medda Bel. "Y gantores," medda hi wedyn, fel pe bai hi newydd sylweddoli'n garedig fod gen i ai ciw fatha hamster.

"Ond ci, Bel! Be' ddaeth dros dy ben di?"

Mae Edith yn edrych i fyw fy llygaid i fel pe bai hi wedi deall pob gair, ci Ffrensh neu beidio, â llyngyren wen o boer yn diferu o ochr ei cheg hi. Dwi'n cael pwl o euogrwydd. Mae golwg mwy diprésd na fi arni, hyd yn oed. Bron na fedrwn i uniaethu hefo hi. Dim ond nad ydw i wedi dechrau glafoerio. Eto.

"Gymrith hi ddiod o rwbath?" Mae'r olwg ddigalon arni'n fy nghymell i fod isio dangos rhyw fath o haelioni.

"Wn i'm. Jin a tonic ella?"

Ond dydw i ddim yn y mŵd ar gyfer cellwair Bel. Ar wahân i'r ffordd doji mae hi wedi cael gafael ar Edith, mi fedra i weld fel pe'n sbio i fyw llygad pelen risial pwy fydd yn cael ei lymbro hefo edrach ar ôl y ci pan fydd Bel ym mhen ei helynt yn rhywle ac yn methu'i gadael hi ar ei phen ei hun.

"Does dim isio i ti edrach mor bryderus," medda Bel, fel pe bai hi'n darllen fy meddyliau i. "Fydda i ddim yn gofyn i ti warchod. Gaddo. Mi fydd Edith yn dod hefo fi i bob man, fatha Tom Hanks a Hooch. Dwi'n gweithio adra rŵan, tydw? A phan fydd rhaid i mi ddanfon dodrefn ac ati, mi geith Edith ddŵad efo fi yn y fan. Lot haws rhannu dy fywyd hefo ci nag hefo dyn, yli. Cariad diamod, a neb i gega arnat ti. Be' fasat ti'i isio'n well na hynny?"

Mae yna ryw isgymhelliad i hyn i gyd. Dwi'n adnabod Bel. Does dim angen i mi ofyn a ydi pethau wedi mynd yn ffradach hefo Ifan. Mae hyn rêl Bel, angen rhywbeth i'w chario hi allan o berthynas. Efallai mai hi sy'n iawn. Pawb angen rhywbeth i bwyso arno. Mae'r telepathi 'na sy'n ein clymu ni mor dynn ar waith eto.

"Ydi, Lw. Mae Ifan a fi drosodd. Fy mhenderfyniad i. Mi geith y diawl fynd i ganu. Fo a'r ast wraig 'na sgynno fo. Os ydi hi'n well gynno fo dreulio'i oes dan fawd Seren, pob lwc iddo fo. Mae gen i fywyd."

Bywyd sy'n cynnwys môr o ddyledion, ansicrwydd ariannol a thrafferth hefo'r heddlu rŵan, yn ôl pob tebyg, am ladrata da byw.

"Be' haru chdi, Lw, hefo dy ddŵm an glŵm?" medda hi pan dwi'n crybwyll hynny. "Da byw! Nid buwch ydi hi!"

"Wel, dydi hi ddim yn bell o seis heffar!" medda finna. "Faint ma' rwbath fel hyn yn ei fyta? Feddylist ti ddim am hynny, debyg, pan oeddet ti'n ei hudo hi o gefn fan y llabwst 'na!"

"Mae hi'n amlwg ei bod hi newydd orffen magu cŵn bach," medda Bel. "Sbia ar ei thethi hi!"

Dwi'n dewis peidio, ac yn plethu fy mreichiau dros fy rhai i fy hun mewn cydymdeimlad. Ar fy ngwaethaf, dwi'n dechrau bondio mwy'n barod hefo Edith na dwi'n fodlon ei gyfaddef. Mae Bel yn dal i hefru.

"O, Lw. Tasat ti ddim ond wedi'i gweld hi. Tamaid o raff am ei gwddw hi, ac yn crynu yng nghefn yr hen dransit honno. Dim ond rhyw damaid o sach i orwedd arno fo. Finna'n clywed yr epa Gwyddal 'na'n siarad amdani ar ei ffôn. Trefnu mynd â hi at gi arall i fridio eto. Peiriant cŵn bach oedd hi. Roedd hi'n sbio arna i efo'r llgada mawr 'na. Helpa fi! Dos â fi o fama! Dyna roedd hi'n trio'i ddeud wrtha i!"

Mae Bel yn rhoi dipyn o ddrama iddi. Mae hi'n rhagori ar hynny. Mi fedra i weld pam ei bod hi ac Edith wedi syrthio am ei gilydd: mae'r un llygaid mawr, ymbilgar gan Bel hefyd. Maen nhw wedi bod yn fuddiol iawn ar hyd y blynyddoedd er mwyn iddi allu troi Dad rownd ei bys bach. Ac mae hi'n llwyddo'n beryglus o aml i wneud yr un peth hefo fi.

"Pwy oedd o felly? Y Gwyddal 'ma?" Dydi o ddim yn swnio'r math o foi y byddai neb â meddwl o'i benna glinia'n dewis ei dynnu i'w ben.

"O, rwbath diarth. Wedi tsiansio dod ffordd hyn i hel sgrap, medda fo. Mynd yn ôl am Dún Laoghaire ar y cwch neithiwr."

"Mi gest sgwrs eitha suful hefo fo, felly, i feddwl ei fod o'n gymaint o anifail."

"Hiwmro fo ôn i, 'de? Ddaru'r sglyfath fy nghonio fi o hanner canpunt am glirio nialwch o'r iard tu ôl i'r siop. Wedyn cyn i mi nôl pres iddo fo, mi glywn i o ar y ffôn ynglŷn â'r cŵn 'ma. Ac mi welish i Edith tu ôl i lwyth o sgrap."

"Edith oedd o'n ei galw hi felly?"

"Naci," medda Bel. "Bitsh ddaru o'i galw hi!"

"Wel, ia, achos mai dyna ydi hi, 'de ...?"

"Dim bitsh fela!" meddai Bel, bron iawn â dangos ei dannedd ei hun. *"Where's that bitch of a mutt got to now? Come here, bitch, before I make corned beef out of you!* Dyna ddywedodd y mochyn hyll!"

"A be' ddigwyddodd wedyn?" Fel taswn i angen eglurhad pellach.

"Mi ddywedais i nad oedd 'na'm golwg o gi pan agorodd o'r fan yn lle cynta. *It must have run off when you opened the door last time*, medda fi. A dyma fi'n deud fy mod i'n alyrjic i gŵn, eniwe, felly da o beth nad oedd yna'r un o fewn chwe modfedd i mi neu mi faswn i'n dechrau cael ffit ac angen ambiwlans. Ddaru hynny'i ddychryn o, mi fedra i ddeud wrthat ti. Fedrai o'm mynd o 'na'n ddigon buan. *Bugger it*, medda fo. *I'm not going back to look for the scabby thing now, or I'll miss the boat. Plenty where that came from, anyway!* Www, Lw, ôn i isio'i ladd o!"

"Ond yn lle hynny ...?"

"Yn lle hynny," medda hi'n smyg, fel rhywun a oedd newydd lwyddo i roi cyllell drwy asennau un o'r Maffia a dwyn ei bres o heb i neb sylweddoli'i bod hi ar gyfyl y lle, "mi lwyddais i i hudo Edith i gefn fy fan i hefo bechdan diwna oedd ar y dashbord ers amsar cinio. Roedd hi'n rhyfeddol o ufudd. A finna'n chwys doman rhag ofn iddi wneud sŵn! Ond roedd hi'n ddigon call, yli. Wedi dallt ei bod hi'n cael ei hachub o grafangau criminals!"

"Haws gin i feddwl mai jyst â llwgu oedd hi," medda fi. "Ac wrth lwc, mae'n rhaid bod dy sandwij di'n ddigon mawr i'w chadw hi'n ddiddig am y tro. Be' oedd o? Bagét?"

"Tria gymryd y peth o ddifri, Lw!"

"O ddifri? Bel, dwi'n cachu brics! Be' tasa'r epa 'ma'n penderfynu dod yn ei ôl?"

"Wneith o ddim, siŵr. Mi oedd llond y fan 'na o stwff doji, garantîd. Welish i erioed mohono fo o'r blaen a welan ni byth mohono fo eto. A tasa fo'n gweld Edith eto fwya erioed, fydd hi'm yn edrach yr un un ar ôl dipyn o ofal. Bwyd yn ei bol hi er mwyn i'w hasennau hi fynd o'r golwg a cholar diamante hefo'i henw newydd hi a fy rhif ffôn i arno fo. A meicro-tsip yn ei gwegil hi'n dweud ei bod hi'n perthyn i mi!"

"Sut gwyddost ti nad oes ganddi hi feicro-tsip yn barod, a'i fod o heb ei dwyn hi oddi ar rywun arall?"

"Dwi wedi bod yn lle'r fet i ofyn iddyn nhw'i sganio hi am un." Ac medda hi wedyn, yn sydyn, ac mi faswn i'n taeru bod rhyw olwg euog yn ei llygaid hi: "At Siân, 'de, yn Petsmart. Mae gynnyn nhw beiriant sganio yno."

Wrth gwrs. At Siân. Y tro hwn. Ac mae rhywbeth yn disgyn i'w le, fel ysgwyd pelen arian mewn pos. Mi fydd hi'n dewis fet go iawn y tro nesa er mwyn cael y tsip. Mab afradlon o fet hefo lliw haul

73

Awstralia. Mi fydd hi'n cofrestru'r ci ym milfeddygfa sgleiniog newydd y fet afradlon hefo'i liw haul Awstralia, ac yn mynd â'i stori hefo hi. Yn glanio ar ei thraed unwaith yn rhagor.

O achos mai Edith fydd pasbort Bel yn ei hôl i freichiau Arthur Plas.

# Audrey

Mae Seren wedi bod yn anodd ei thrin erioed. Roeddwn i'n meddwl y byddai'r ffaith nad oedd gen i mo fy mhlentyn fy hun yn gwneud pethau'n haws. Dim cystadleuaeth. Fyddai hi ddim yn gallu fy nghyhuddo byth o ffafrio fy merch neu fy mab fy hun. Fedrwn i ddim bod wedi'i chael hi'n fwy anghywir. Mi driais i 'ngorau. Y broblem oedd nad oedd fy ngorau i'n ddigon da iddi. Ac mi wnaeth hithau'n berffaith glir na fyddai o byth, ni waeth faint fyddwn i'n ymdrechu i adeiladu perthynas rhyngon ni.

Roedd hi'n ddeuddeg oed pan gyfarfyddais i â'i thad hi. Oed cymhleth. Ar y ffin rhwng bod yn blentyn ac yn arddegwraig dymhestlog. Doedd gen i erioed fwriad o drio cymryd lle'i mam hi. Ond roeddwn i'n benderfynol o'i charu hi am fy mod i'n caru'i thad hi. Yn enwedig pe bawn i o ddifri ynglŷn â chreu dyfodol hefo Arwyn Morgan. O, ac mi roeddwn i. Ar y pryd. Tydi pawb? Mae o'n wendid ynon ni feidrolion i gyd: isio creu'r stori dylwyth teg i ni'n hunain pob gafael. Isio iddi bara. A honno ydi'r gamp fawr rydan ni i gyd mor sicr o allu'i chyflawni ar y cychwyn. A pham lai pan fo popeth â rhyw lewyrch sbesial arno fo, yr oriau yng nghwmni rhywun yn hedfan megis eiliadau prin. Rydan ni mor hunangyfiawn. Mor falch ohonon ni'n

hunain. Mor uffernol o boenus o smyg. Wedyn mae
yna haenen o sylweddoli'n niwlio drostan ni dros y
blynyddoedd fatha blymonj yn setio. Araf, ond sicr ei
gyffyrddiad, fel tamprwydd. Dyna pryd mae'r pethau
bach yn mynd yn bethau mawr, a'r pethau mawr yn
mynd yn anorchfygol. Pan fydd briwsionyn ar ymyl
gwefus rhywun yn gwneud i ti fod isio chwydu a'r
syniad o rannu llwy yn mynd yn wrthun. Pan fydd
geiriau a luchiwyd yn ddifeddwl yn aros i grafu fel
cerrig mewn sgidia. Pan fydd pob un o'r eiliadau prin
hynny'n dechrau llusgo fel oriau mewn ystafell aros.
Pan fyddi di wir yn gwerthfawrogi ystyr yr ymadrodd
'pob munud yn awr'.

Roedd hi'n amlwg, ac yn naturiol, mai Seren oedd
cannwyll llygad Arwyn. Ac roedd hithau'n addoli'i
thad. A does dim byd yn bod hefo hynny, y berthynas
ddelfrydol honno rhwng tad a merch, os nad ydi hi'n
amharu ar allu'r naill a'r llall i ffurfio perthnasau
iach hefo pobol eraill. Sylwais yn raddol wrth i Seren
dyfu'n ferch ifanc a dangos diddordeb mewn bechgyn
fod agwedd Arwyn yn eitha llym, ac roedd yn annheg
o feirniadol tuag at unrhyw gariad a gawsai'i ferch.
Fel arfer, roedd ei haelioni tuag at Seren, yn enwedig
gydag arian, yn ymylu ar fod yn annoeth o wastraffus.
Mewn gair, roedd o'n ei sbwylio hi'n racs. Roedd
hynny'n egluro pam fod Seren yn gymaint o jadan
fach hunanol ar sawl lefel. A doedd hi ddim, tan i mi
ymddangos yn eu bywydau, wedi gorfod rhannu'i
thad â neb. Dim mwy nag yr oedd yntau wedi gorfod
llacio'i afael ynddi hi. A dyna pam roedd o'n ymddwyn
fel rhyw fath o dad colar startsh Fictoraidd pan
fyddai Seren yn mynd allan hefo hogyn.

Mi fedrwn i ddeall, i raddau, pam fod Arwyn a

Seren mor feddiannol o'i gilydd. Gadawodd Rita, mam Seren, pan oedd Seren yn dair. Roedd hi'n sefyllfa weddol anghyffredin. Fel arfer, os ydi un rhiant yn gadael pan fydd cartref yn chwalu, y tad ydi hwnnw. Ond nid yn yr achos hwn. Roedd gan Rita broblemau hefo alcohol, ac roedd gan Arwyn chwip o gyfreithiwr. Mae hynny'n gwneud i mi swnio'n sinig. Yn feirniadol o Arwyn. Yn gweld mwy o fai arno fo. Efallai fy mod i, erbyn hyn. Mae hi'n rhyfedd sut mae'n hadnabyddiaeth ni o bobol, yn enwedig y rhai agosaf aton ni, yn medru newid mor raddol ac araf nes ein bod ni'n deffro un bore a sylweddoli mai dieithryn sy'n rhannu'r dwfe hefo ni.

"Mae gen i fam yn barod, Dad. Dwi'm isio un arall."

Dwi'n cofio'r ias aeth drwydda i hyd heddiw pan ddywedodd hi hynny. Finna isio dweud: O, 'mechan fach i, pe baet ti ddim ond yn gwybod y gwir. Nid i chdi dwi isio bod yn fam. Ond esmwythodd Arwyn ei phigau'n ofalus fel pe bai o'n anwesu draenog.

"Oes, siŵr iawn, 'y nghariad i. Wrth gwrs fod gen ti dy fam dy hun" (er ei fod o'n casáu honno â chas perffaith, ond roedd hi'n bwysicach iddo fod, yng ngolwg ei ferch, yn ffeindiach dyn na Santa Clos). "Does 'na neb yn trio deud yn wahanol. Gwranda, mi awn ni allan Sadwrn nesa, dim ond chdi a fi, i'r lle tapas newydd 'na i lawr wrth y cei. Dwi'n gwbod dy fod di wrth dy fodd hefo bwyd felly."

Roedd Seren wrth ei bodd hefo bwyd, ffwl stop. Hyd yn oed yn ddeuddeg oed, roedd hi'n cael trafferth ffitio i mewn i'r meintiau dillad roedd ei chyfoedion yn eu prynu. Oni bai am ei hoffter o athletau a'r ffaith ei bod hi'n aelod o'r tîm pêl-rwyd, a'i bod hi wrth lwc yn reit dal o'i hoed, mi fasai yna beryg go iawn iddi

fynd yn dros ben llestri o dew. Doedd y ffaith bod
Arwyn yn ei swcro a'i hiwmro hefo prydau bwyd
mewn tai bwyta ffansi'n helpu dim arni yn hynny o
beth, pe bai o ddim ond yn sylweddoli hynny. Dwi'm
isio swnio'n secsist, ond mae angen llygad dynas i
weld ambell i beth.

Doeddwn i ddim i fod i glywed y sgwrs rhyngddyn
nhw. Ond nid siarad roedden nhw, naci? Nid go iawn.
Y naill yn trin y llall. Mi fyddai fy modryb yn
defnyddio'r un ymadrodd am ddyn addfwyn a
chanddo wraig a oedd wastad yn cael ei ffordd ei hun.
Argol, mae hi'n ei drin o. Fasai pobol heddiw ddim yn
dallt. Ac efallai fod 'manipiwletio' yn well gair. O
achos mai dyna'n union roedden nhw'n ei wneud.
Manipiwletio'i gilydd. Seren a'i thad. Y hi'n trio ffalsio
hefo llais hogan fach nad oedd o'n gweddu i'r gweddill
ohoni, ac yntau'n cymryd arno fod ots ganddo am ei
pherthynas hi â Rita. Roedd o'n glyfar, yn gallu
chwarae'r ddwy yn erbyn ei gilydd. Gwneud esgusion
wrth Rita nad oedd Seren ar gael oherwydd salwch
neu barti pen blwydd ac ati pan oedd hi'n adeg
cyfarfod, a dweud wrth Seren yn yr un modd fod ei
mam yn 'rhy sâl' i'w gweld hi heddiw, gan roi awgrym
cynnil mai ar yr yfed roedd y bai eto, 'nid ar dy fam
druan'. Ar y pryd, dim ond ochr Arwyn i bethau
roeddwn i'n ei gweld: y tad gofalus yn amddiffyn ei
ferch rhag y gwirionedd poenus. Dwi'n gwybod yn
well erbyn heddiw. Yn dallt mai rhywbeth graddol ydi
rheolaeth rhywun drosta ti. Yn dallt mai toriad o'r un
brethyn yn union ydi Seren a'i thad, ac mai'r unig
ffordd o oroesi ydi chwarae'r un gêm. Mae bod yn
ddauwynebog yn ail natur i mi bellach.

Dwi'n cofio'r tro cyntaf i mi ddarllen damcaniaeth

y broga yn y dŵr berwedig. Rhywbeth y des i ar ei draws yn ddamweiniol oedd o, ond roedd o'n rhywbeth roeddwn i fod i'w ddarganfod er fy lles fy hun. Os neidith llyffant i mewn i sosbennaid o ddŵr berw, mi sboncith allan mewn braw yr un mor sydyn. Ond os ydi o'n eistedd yn barod mewn sosbennaid o ddŵr oer sy'n graddol godi i ferwi o'i gwmpas, mae'r canlyniad yn amlwg ac yn drychinebus. Mae o'n cymryd ei ferwi'n fyw cyn iddo allu sylwi ar yr hyn sy'n digwydd iddo.

Roedd sylweddoli hynny'n sioc i mi. Yn agoriad llygad.

Seren: "O, honna ddaru chi benderfynu'i gwisgo wedi'r cwbl. O, wel, chi sy'n gwybod …"

Arwyn: "Biti dy fod ti wedi lliwio dy wallt heb ddweud wrtha i'n gynta, Aud. Hitia befo, dwi'n siŵr y cei di apwyntiad reit handi i'w newid o'n ôl cyn nos Sadwrn …"

Seren: "O, sori, 'nes i anghofio dweud wrthach chi 'mod i wedi cael un o'r rheina'n bresant i Dad yn barod. Dwi'n siŵr y cewch chi'i newid o am rywbeth arall …"

Arwyn: "Faswn i'm yn cymryd llwyaid arall o basta, taswn i'n chdi, Aud. Nid bod ots gen i tasat ti'n byta'r ddesgil, wrth gwrs! (O, am jôc fawr a chwerthin.) Ond chdi dy hun oedd yn deud dy fod ti'n meddwl fod gen ti dipyn o fol yn y trowsus du 'na …"

Graddol. Bron na allwn fy nghyhuddo fy hun o fod yn baranoid. Darllen gormod i bethau. Dim ond nad oeddwn i'n gorfeddwl o gwbwl. Cael fy mherswadio fy mod i'n gorfeddwl roeddwn i, yn y ffyrdd mwyaf cynnil a chlyfar posib. Erydiad oedd y cyfan. Tonnau bychain, brathog, hallt yn llarpio fy hunanhyder mor

ofalus nes peri i mi deimlo fy mod i'n ei ddiosg oddi
arnaf fy hun fesul briwsionyn. Nes i'r sylweddoliad
o'r hyn a oedd yn digwydd i mi beidio taro yn fy mhen
i o gwbwl. Y broga'n cael ei ferwi'n fyw.

Mi wellodd pethau rywfaint pan adawodd Seren i
fynd i'r coleg. Wedi'r cyfan, dim ond hefo un ohonyn
nhw roeddwn i'n gorfod delio wedyn. Roedd hi'n dal i
ddod adra, wrth gwrs, yn ystod y gwyliau, ond doedd
Arwyn ddim yn gallu bod mor feddiannol ohoni, roedd
hi'n haws iddi hithau guddio pethau oddi wrtho, yn
enwedig ei bywyd carwriaethol, ac roedd yn rhaid i
Arwyn ollwng rhywfaint ar ei afael arni yn y pen
draw. Ei phenderfyniad sydyn i fynd i Ffrainc am
chwe mis yn syth ar ôl iddi raddio oedd yn groes i
natur Seren, rhywsut. Mynd i weithio i ryw winllan
roedd hi, meddai hi, hi a chriw o ffrindiau nad oedden
ni wedi'i chlywed hi'n sôn amdanyn nhw cynt. Roedd
hi'n bwysig iddi gael gwahanol brofiadau cyn iddi
setlo i lawr, neu dyna'r esgus gorau roddodd hi. Er
nad oedd rhyw wyliau'n ei 'ryffio' hi fel'na mo'r teip o
beth a fyddai wedi apelio at Seren yn gorffennol,
doedd dim troi arni. Roedd yna garwriaeth hefo boi
mewn band roc wedi mynd o chwith, ac roeddwn i'n
rhyw amau mai mynd i Ffrainc roedd hi er mwyn cael
y Llew 'ma allan o'i system unwaith ac am byth.
Ddywedais i ddim am fy amheuon wrth Arwyn. I be'?
Fyddai fy mewnbwn i wedi gwneud dim byd ond creu
rycsiwns, ac efallai y byddai Arwyn wedi sefyll yn ei
ffordd a gwrthod gadael iddi fynd. Na, doeddwn i
ddim am beryglu'r syniad nefolaidd o chwe mis cyfan
heb orfod gweld na chlywed y bitsh fach, felly cedwais
fy amheuon i mi fy hun.

Roedd hi'n ffonio, neu'n cysylltu trwy decst neu

e-bost, ond roedd hi'n od nad oedd yna byth unrhyw fath o gerdyn post, neu lun. Eto, soniais i ddim am yr hyn oedd yn mynd drwy fy meddwl wrth Arwyn, ond roedd yna ran ohona i, erbyn y diwedd, yn amau a oedd hi wir wedi mynd i Ffrainc wedi'r cyfan. Rhyw chweched synnwyr oedd o, ond faswn i'n synnu dim pe bai hi wedi gwneud rhyw drefniadau cudd hefo'i mam a heb ddweud wrth Arwyn rhag pechu. Ac eto, roedd hi'n anodd credu hynny hefyd. Yng Nghlynnog roedd Rita'n byw, nid yn Ffrainc. Fyddai Seren ddim wedi gallu cuddio'n hir yn y fan honno – wel, nid am chwe mis, beth bynnag.

Roedd y chwe mis bron wedi dod i ben cyn i mi allu cadarnhau fy amheuon yn y ffordd orau bosib – gweld Seren â'm llygaid fy hun. Nid yng Nghlynnog. Nac yn Ffrainc. Na, mi ddigwyddais i daro ar Seren yn Lerpwl, o bob man yn y byd, tu allan i siop John Lewis. Roedd y sioc o fy ngweld i'n amlwg ar ei hwyneb, ond nid yn gymaint, dwi'n siŵr, â'r syndod a welodd hi ar fy wyneb i.

Roedd Seren yn feichiog. Yn amlwg, anferth o feichiog. Doedd ei chôt hi ddim yn cyrraedd dros ei bol. Edrychai'n anghyfforddus, yn barod i hollti. Os teimlais i unrhyw bang o gydymdeimlad mamol tuag ati, diflannodd hwnnw mor sydyn ag y daeth pan welais fflach o'r hen fileindra yn ei llygaid hi. Roedd o'n ymylu ar gasineb. Roedd hi'n lloerig bost fy mod i wedi'i gweld hi. Wythnos arall, yn ôl ei golwg hi, a byddai'r popeth drosodd, y gyfrinach wedi'i chadw'n daclus yn rhywle, a hithau'n medru cefnu'n dwt ar y cyfan. A doedd gen i ddim amheuaeth o gwbwl mai dyna'i bwriad hi, oherwydd pe gallai unrhyw un roi'i phlentyn i'w fabwysiadu am resymau hunanol, Seren oedd honno. Nid lles ei phlentyn oedd ganddi dan sylw. Llyncais yn galed fel llyncu ar grystyn. Ffrwyno pob emosiwn. Doedd fiw iddi wybod faint o loes roedd hyn i gyd yn ei roi i mi.

"Ydi Dad hefo chi?"

Dim 'helô', na holi sut oedd neb. A doedd hi ddim yn gofyn lle'r oedd Arwyn oherwydd unrhyw hiraeth am ei weld. Roedd hi'n gwbwl amlwg mai cuddio'i chyflwr oddi wrth bawb oedd ei bwriad. Mi safon ni'n syllu ar ein gilydd am rai eiliadau, fi fel pe bawn i newydd weld ysbryd, a hithau fel cath wedi'i chornelu. Doedd yna fawr o Gymraeg rhyngon ni ar y gorau – wedi'r cyfan, cadw wyneb o flaen Arwyn roedden ni'n dwy yn ei wneud ers blynyddoedd – ond rŵan hyn byddai mwy o gysur yn y chwa mae rhywun yn ei gael wrth agor drws ffrij nag yn yr edrychiad a daflodd Seren i fy nghyfeiriad.

"Dwi ddim isio iddo fo gael unrhyw gliw am hyn," meddai. "Fiw iddo fo gael gwybod, Audrey. Dach chi'n dallt?"

Doedd tôn ymosodol ei llais yn helpu dim ar ei hachos, pe bai hi ddim ond yn aros am eiliad ac ystyried. Fi oedd yn dal y cardiau, nid y hi, ac roeddwn i'n benderfynol o fanteisio ar y sefyllfa a chael bod yn fistar arni hi rŵan am y tro cyntaf yn fy oes. Roedd o'n deimlad newydd ond nid yn deimlad braf. Dydi ceisio elwa ar drallodion pobol eraill erioed wedi bod yn ail natur i mi. Roedd yr ias o bŵer a deimlwn dros Seren yn ffrydio drwydda i fel sioc drydan. Doedd o ddim yn bleserus, rhaid i mi gyfaddef. Roedd o'n ddiarth, yn fy sigo braidd, ac eto mi wyddwn fod hwn yn gyfle rhy dda i beidio gwneud yn fawr ohono.

"Awn ni am banad, ia, Seren? Dwi'n siŵr fod gen ti ryw bum munud bach?"

Roedd y tynerwch yn fy llais yn fy synnu. Teimlwn yn bopeth ond tyner tuag ati. Ond efallai fod gwybod nad oedd dim rhaid i mi fod yn glên hefo hi'n gwneud pethau'n haws. Doedd dim brys i'w rhoi hi yn ei lle. Taflodd gipolwg amheus arna i cyn fy nilyn yn anfoddog i gyfeiriad y caffi. Roedd ei hwyneb hi'n edrych yn gymaint gwelwach oherwydd fod arni angen golchi'i gwallt.

Doedd hi ddim yn trio cuddio'r ffaith ei bod hi'n ystyried bod yno hefo fi wrth y bwrdd yn niwsans diangen ar y gorau. Edrychai ar ei wats bob dau funud fel pe bai hi'n trio gwneud y pwynt hwnnw'n glir.

"Roeddwn i'n ei feddwl o gynnau, Audrey. Yr hyn ddywedais i. Dwi ddim am i Dad ddod i wybod. Felly peidiwch â sôn gair, iawn?"

Yr un hen Seren. Byddai mwy o anwyldeb mewn llygoden fawr.

"Neu beth, Seren?" Llwyddais i gadw fy llais yn llyfn a gwastad, yn haeddu Oscar. Roedd fy nhu mewn i fel jeli. Cachwr ydw i, yn y bôn. Mae gadael i bobol eraill fy rheoli'n dod yn llawer haws. Wnes i ddim sylweddoli bod ymddwyn fel bitsh yn cymryd cymaint o ymdrech. Ond roedd y rhuthr o adrenalin a gefais wrth edrych ar ei hwyneb hi yn werth pob sgytwad yn fy mherfedd.

"Be'?"

"Ti newydd fy rhybuddio fi – yn dy ffordd annwyl arferol – i beidio â sôn gair am hyn wrth dy dad. Be' sy'n gwneud i ti feddwl fy mod i'n bwriadu parchu dy ddymuniad di?"

Chollodd hi mo'r coegni yn fy mhwyslais ar y gair 'annwyl' wrth gyfeirio ati hi, nac ychwaith y newid amlwg yn fy ymarweddiad. Waw, sioc a syndod. Roedd yr hen Audrey wedi magu bôls!

"Fasech chi ddim yn meiddio!" Ond er bod ei geiriau hi'n dal yn heriol, roedd ychydig o'r brafado cynharach wedi gwisgo oddi arnyn nhw. Roedd hi'n ansicr erbyn hyn, a'r dôn annisgwyl yn fy llais i'n peri iddi ddechrau canolbwyntio mwy ar fy wyneb i.

"O? Na faswn i?" Am unwaith yn ei bywyd, fedrai hi wneud dim byd ond sbio'n stond. "Ti wedi gwneud bywyd yn anodd iawn i mi, Seren, o'r munud y cyfarfyddais dy dad. Roddaist ti ddim cyfle i mi ..."

Ond fedrai hi ddim dal rhag torri ar fy nhraws:

"Nid ynglŷn â chi mae hyn, Audrey!"

Cymrais gegiad o'r coffi du. Adfer fy hunan-feddiant. Rhoi hanner gwên a fyddai'n deilwng o Alexis Carrington yn *Dynasty* ers talwm. Biti na fyddwn i'n gwisgo dipyn o lipstic Joan Collins i ychwanegu at fy hyder. Pe bawn i wedi cael rhybudd y byddai rhywbeth fel hyn yn digwydd, mae'n debyg y byddwn i wedi lliwio fy ngwefus fatha fampir.

"Wel, Seren fach, dyna lle'r wyt ti'n rong, yli."

Roedd ei hwyneb hi'n bictiwr. Yn batrwm o anghrediniaeth, fel pe bai hi newydd gael ei brathu gan bysgodyn aur. Ond roedd y pysgodyn aur yma wedi torri'r mowld – cof fatha eliffant. Daeth enghreifftiau o'i holl angharedigrwydd tuag ata i dros y blynyddoedd i bigo fy ymennydd fel cawod o binnau mân. Diolchais amdanyn nhw rŵan. Roedden nhw'n fy arfogi – yr holl sylwadau sbeitlyd a'r gweithred-oedd dan din – ac yn fy ngwneud i'n gryf. Efallai mai fi oedd y bitsh sbeitlyd yn bwriadu bygwth merch feichiog, ond byddai unrhyw un a oedd wedi dioddef dan lach Seren yn deall i'r dim. Ddangosodd hi erioed drugaredd tuag at neb. Wel, rŵan roedd yn rhaid iddi dderbyn dos o'i ffisig ei hun.

Roedd hi'n ddistaw, ddisgwylgar erbyn hyn. Gwyddai'r ddwy ohonom ei bod hi'n brofiad hollol newydd iddi hi fod mewn sefyllfa felly. Seren oedd wedi galw'r siots erioed lle'r oedd ein perthynas ni'n dwy yn y cwestiwn. Fy nhro i oedd hi rŵan. Duw'n unig a wyddai – roeddwn i wedi disgwyl yn ddigon hir am y cyfle i'w rhoi hi yn ei lle. Ac roedd y ffaith nad oedd gen i mo'r un parch tuag at ei thad hi bellach yn gwneud hyn i gyd yn llawer haws. Caeais fy ngheg er ei fwyn o ar hyd y blynyddoedd. Oherwydd fy mod i'n ei garu o. I ddechrau. Wedyn mi aeth hi'n fwy o ofn, er bod gen i gywilydd defnyddio'r fath air. Ofn troi'r drol. Ofn codi twrw. Ofn iddo bellhau, ochri hefo'i ferch yn fy erbyn i. Dydi hi ddim yn braf pan fo ofn felly'n troi'n gasineb, ond mae yna fanteision. Mae'r synhwyrau fel pe baen nhw'n fferru. Dydi'r hyn a oedd yn hollbwysig o'r blaen yn cyfri dim wedyn. Mae'r cam nesaf yn cicio i mewn. Y casineb yn troi'n ddim byd, yn ddifaterwch oer lle na fedar dim byd dy gyffwrdd di.

Pwy fasa'n meddwl? Roeddwn i wedi poeni y byddai Arwyn yn pellhau oddi wrtha i dros y blynyddoedd. Freuddwydiais i ddim y byddai'r gwrthwyneb yn digwydd. Y fi'n colli diddordeb ynddo fo. Yn colli mynadd hefo fo. Yn colli fy nheimladau tuag ato fo. Y fi! Mae hynny'n dangos cyn lleied o feddwl oedd gen i ohonof fi fy hun. Cyn lleied o hunan-barch. A fo oedd wedi gwneud hynny i mi. Wedi erydu pob briwsionyn o hyder ynddo i fy hun. Ar y tu allan, doedd hynny ddim yn amlwg. Dwi wedi gofalu am sut dwi'n edrych erioed, gwisgo'n ffasiynol a smart, cymdeithasu hefo pobol, cadw'r mwgwd cyhoeddus ymlaen fel pe bawn i'n actio rhan i achub fy mywyd. Ac efallai fy mod i, mewn ffordd. Yn trio achub fy mywyd priodasol trwy fod yn bopeth yr oedd Arwyn yn dymuno i mi fod. Ac eto, o'i flaen o, pan nad oedd cynulleidfa gyhoeddus i'w thwyllo, roeddwn i'n llanast o nerfau ac ansicrwydd. Mae arfer oes o fod yn ddarostyngedig yn gwneud hynny i rywun.

Ac yna newidiodd pethau. Penderfynodd rhywun ddychwelyd i fy mywyd i. Rhywun, pe bawn i'n hollol onest, na adawodd fy nghalon i erioed. Ac fel sawl enaid arall ar gyfeiliorn, cefais hyd i gariad tu allan i fy mhriodas. Eironig 'ta be'? Cariad wedi'i seilio ar dwyll a chuddio a chyfrinachau a achubodd fy hunan-barch i. Fy hyder i. Adfer fy ffydd mewn llawenydd. Mewn byw. Rhoi sbarc yn fy enaid i, sioncrwydd yn fy ngherddediad, sglein yn fy llygaid. Rhoi i mi'r awydd nid yn unig i oroesi, ond i edrych ymlaen. I ystyried fod yna nid yn unig ddyfodol, ond dyfodol â gobaith ynddo. Sut fedar hynny fod yn ddrwg i gyd?

Roedd sŵn y llwyau a'r cwpanau a'r cyllyll a'r ffyrc yn dechrau gwthio'i ffordd yn ôl i fy ymennydd i fel llanw'n dod i mewn. Yn fy atgoffa fy mod i'n dal i eistedd mewn caffi gyferbyn â'r llysferch feichiog yr oeddwn yn ei chasáu. A oedd yn fy nghasáu innau. Casineb tryloyw, gwyn oedd o, fel staen llefrith mewn gwydryn. Rhywbeth wedi'i gaethiwo. Yn union fel y sleisen o drydan a oedd wedi'i chloi tu mewn i'r golau stribed uwch ein pennau ni a holltai'r nenfwd yn ddau.

Gwyddwn fod Seren ar dân i ailgydio yn llinyn y

sgwrs, pe bai hynny ddim ond i ddangos i mi fod ganddi ddannedd o hyd. Roedd hi'n dal i ysu am y sylw i gyd ond yn gwybod yn iawn mai ynglŷn â fi roedd y cyfan: ynglŷn â'r ffaith ei bod hi wedi berwi o genfigen tuag ata i o'r cychwyn cyntaf; ynglŷn â fy affêr tu ôl i gefn ei thad. Ynglŷn â'r ffaith ei bod hi wedi fy amau i ers sbel. Wnaeth hi erioed gyfrinach o hynny, ond doedd ganddi ddim digon o dystiolaeth. Roeddwn i'n rhy ofalus, gam neu ddau ar y blaen iddi bob amser (roedd yn rhaid i mi fod!), ac roedd hynny'n ei chynddeiriogi. Dwi'n dal i gofio'r diwrnod hwnnw, dro byd yn ôl, pan boerodd Seren ei chyhuddiad ata i. A dwi'n dal i gofio'i hogla hi, mwg sigarét a mints a lipglos coman blas mefus, wrth iddi sibrwd i 'ngwyneb i:

"Dwi'n eich gwylio chi, Aud." Ei thalfyriad haerllug o fy enw i'n ymdrech i fy mychanu i. "Ac mi ffendia i allan pwy ydi o hefyd. Yr hwrgi 'ma sgynnoch chi ar y gweill. Mi gawn ni weld faint o lances fyddwch chi wedyn."

Llances. Nid ei gair hi. Gair Arwyn. Gair â'i ystyr mwy tafodieithol yn brathu mwy pan luchiai yntau hwnnw i fy nghyfeiriad. Unrhyw dro y meiddiwn i dynnu'n groes, neu fynegi barn annibynnol a gwneud unrhyw fath o safiad, ni waeth pa mor dila oedd hynny, ymatebai Arwyn gydag: "O, llances!" Doedd dim angen iddo saethu dim byd arall ata i. Llances. Llances wyt ti. Dyna'i ffordd o geisio tynnu unrhyw ferch a chanddi owns o'i meddwl ei hun oddi ar ei hechel yn syth. Lleihau'i bygythiad hefo ha-ha sbeitlyd. Llances wyt ti. Llances geg-i-gyd ddwl yn meddwl y medar hi herio dyn mawr cryf fatha fi. Biti na faswn i wedi sylweddoli bryd hynny mai cuddio'i ansicrwydd a'i gyflwr meddwl bregus ei hun roedd o, a hynny dan fôr o wenwyn. Doedd dim angen athrylith i weld o ble cawsai Seren ei hynawsedd a'i swyn! Fu yna erioed ferch a oedd yn llai haeddiannol o'i henw. Ond rhoddodd ei geiriau sgytwad i mi. Mi gawn ni weld faint o lances fyddwch chi ... Yn yr eiliadau hynny, a hithau â'i hwyneb fodfeddi oddi wrth f'un i a'i gwefusau'n sgleinio'n dew yn erbyn ei gilydd fel dwy falwen, gwelais holl ganlyniadau fy mherthynas gudd yn chwarae ar ril yn fy mhen. Roedd y dyn roeddwn dros fy mhen mewn cariad hefo fo'n briod a chanddo deulu. Gallwn ddifetha bywydau pobol. Tynnu gwarth ar fy mhen. Byddai chwalfa felly, a minnau yn ei chanol hi, yn rhoi modd i fyw i Seren.

Teimlwn fel llwynoges a'r helfa ar ei gwarthaf. Goroesi oedd yn bwysig, ond nid yn gymaint i mi. Doedd dim ots gen i'r munud hwnnw amdana i fy hun. Y dyn roeddwn i'n ei garu oedd yn bwysig. Gwyddwn y byddai'n rhaid i mi ddod â'n perthynas i ben er mwyn ei achub o. Lle cynt y tybiwn i mi wisgo fy euogrwydd fel fêl, gwyddwn rŵan fod fy wyneb i'n fasg. Châi'r bitsh fach yma mo fy narllen i. Châi hi mo'r pleser o weld fy nhor calon, fy anobaith, fy nicter, na chael unrhyw foddhad o wybod faint o loes roedd hi wedi'i roi i mi.

"Gwna fel y mynni di, Seren fach. Gwylia fy symudiadau i hyd Ddydd y Farn os leci di, ond fydd yna ddim byd i ti'i riportio'n ôl i dy dad nac i neb arall."

Roedd yr affêr drosodd o'r munud y dywedais i'r geiriau. Er bod fy nghalon i'n dipia, châi'r wiber yma ddim dinistrio bywyd rhywun a olygai gymaint i mi. Mae'n debyg na wnaeth fy ymateb oer a chlinigol,

ynghyd â'r ffaith fy mod i wedi'i galw hi'n Seren 'fach'
er na theimlwn i'r un iot o anwyldeb tuag ati, ddim
byd i esmwytho'r sefyllfa. Roedd y gwenwyn pur yn
yr olwg ar ei hwyneb hi'n haenen mor dew fel y
gallwn i fod wedi'i grafu oddi arni hefo llwy. Gwyddwn
y deuai hyn i gyd yn ôl i fy mhlagio eto rhyw
ddiwrnod, ond roedd hyn yn ddigon i gau ceg Seren
am y tro. A rŵan, roedd y diwrnod hwnnw wedi
cyrraedd. Amser i agor hen glwyf.

Roedd y blynyddoedd ers i Seren fy nghyhuddo i'r
tro cyntaf hwnnw o gael affêr wedi chwalu a
chrensian dan draed fel dail crin: doedden nhw erioed
wedi bodoli. Teimlwn fel pe bai'r cyfan newydd
ddigwydd ddoe ddiwethaf, a finna heb wadu dim.
Roedd ei gwenwyn hi'n oer, wedi'i rewi mewn amser,
a rhywle, yng nghanol y clindarddach yn y caffi a'r
holl sŵn o'n cwmpas ni, gwnaeth rhywun bethau'n
waeth drwy ollwng hambwrdd trymlwythog ar y
llawr. Uwch ben yr halabalŵ o chwalu a malu daeth
sgrechfeydd plentyn, a bwrlwm o gnadu swnllyd
wedyn i'w canlyn. Roedd hi'n addas rhywsut, a
ninnau fel pe baen ni'n gwylio sioe lwyfan o
Weledigaeth Uffern lle'r oedd y gynulleidfa'n rhan o'r
perfformiad, mai yma yng nghanol stremp o sos coch
a sgrechian yr oeddwn i'n rhannu bwrdd hefo Seren.

"Isio i mi gau fy ngheg am eich affêr bach sordid
chi ydach chi, 'te, Audrey? Neu mi fyddwch chi'n
dweud wrth Dad am … hwn." Cyfeiriodd at ei bol fel
pe bai hi'n cyfeirio at anabledd neu graith yr oedd
ganddi gywilydd ohoni.

A fedrwn i, y wraig na chafodd hi erioed mo'i
bendithio â'r fraint o gael magu'i phlentyn ei hun,
ddim cadw'r dirmyg o fy llais bellach.

"Roeddwn i'n amau y baset ti'n dal i rygnu ymlaen am hynny, Seren."

Pwyll, Audrey, pwyll. Cadw dy lais yn wastad. Dim emosiwn. Paid â chynnig unrhyw arfau iddi. Roeddwn i'n ymarfer anadlu'n bwyllog, dychmygu traethau hamddenol ac awelon mwyn. Dipyn mwy o gamp nag a feddyliais, yng nghwmni hon. Roedd ei cheg hi'n llinell syth fel llun wedi'i dynnu hefo pensil. Yna parodd ei chwerthiniad chwerw, sydyn i'w hwyneb ddatgymalu fel pe bai rhwyg ynddo.

"Dach chi'n mynd i ddweud wrtha i rŵan nad oes yna, ac na fu yna erioed, 'ddyn arall', yn dydach, Audrey? Wrth gwrs. Gormod o wraig fach ufudd a pharchus i hyd yn oed ystyried y fath beth ag affêr, yn dydach?"

Daliais fy ngwên yn dynn. Wn i ddim pa mor hunangyfiawn oedd y wên honno yng ngolwg Seren. Doedd yna ddim drych yn ymyl i mi allu cadarnhau hynny i mi fy hun. Ond roedd hi'n ddigon i'w hargyhoeddi hi nad oedd ganddi ddim bwledi ar ôl. Gwyddai na allai hi fy mygwth i eto. Ond roedd ganddi eiriau. Dialedd iard ysgol pan fo dim arall i'w luchio ond sbeit.

"Erbyn meddwl, pwy arall fasa'n ffansïo hen iâr sych fatha chi eniwe? Duw a ŵyr be' welodd Dad ynoch chi erioed. Eich priodi chi am bod gynno fo bechod drostach chi, ma' siŵr gen i."

Doedd dim pall ar ei hanaeddfedrwydd. Teimlais bang o dosturi dros y babi roedd hi'n ei gario, nes cofio'n sydyn mai ei roi i'w fabwysiadu y byddai hi. Cyfle, gobeithio, i'r creadur bach gael gwell mam na hon. Gwyddwn fy mod i'n chwalu meddyliau hyll a chwerw wrth hyd yn oed ystyried y fath beth, yn

ogystal ag agor hen graith yn fy ngorffennol fy hun.
Ond dyna Seren: roedd ganddi ffordd o wneud i bobol
ffieiddio ati ar yr amod eu bod nhw'n ffieiddio atyn
nhw'u hunain drachefn. Cododd a gwthio'i chadair
oddi wrthi hefo mwy o rym nag oedd ei angen.
Roedden ni'n dwy'n gwybod erbyn hynny mai fi oedd
yn dal y cardiau.

"Dwi'n siŵr na fydd dim ots gynnoch chi dalu'r
bil, Audrey," meddai. Roedd gweddillion y deisen
y gwnaeth hi ei gorau i beidio â'i gorffen wedi
briwsioni'n flêr dros ymyl y plât ac ar hyd y bwrdd.

Fe'i gwyliais yn cerdded oddi wrtha i. Fe'i gwyliais
nes i'r lifft ei llyncu a'i chario i lawr i rywle o'r golwg.
Meddyliais am bopeth na wyddai hi amdana i a'i ddal
yn dynn rhwng fy nghalon a fy llwnc fel crystyn
anodd ei dreulio a oedd yn creu pigyn gwynt yn fy
mrest. Meddyliais am swyddfa'r twrna, ei ddesg fawr
hen ffasiwn a'r laptop diweddaraf, tenau fel bisgeden,
yn gorwedd arni'n sgwâr, yn newydd a glân fel
cyfarwyddyd. Meddyliais am y llythyr a ddaeth o
grombil hwnnw. Am syndod Arwyn, ac yna'i dymer,
pan gâi wybod fy mod i isio ysgariad. Meddyliais am
y cesys, y dillad yng nghist fy nghar, y mân betheuach
pwysig-i-neb-ond-y-fi. Meddyliais am y gweddill, y
llestri, y sosbenni Le Creuset, y crandrwydd roeddwn
i'n cefnu arno. Fyddwn i ddim yn mynnu cael fy siâr
o ddim ohono. Câi Arwyn gadw'r cyfan. Pob croeso
iddo i'r gwres o dan y lloriau. Byddai'n well gen i
chwilio am le llai hefo tân agored a'r gwres yn codi
ohono fel cwmwl.

Brêc oedd arna i'i isio'n gyntaf. Llonydd i feddwl.
I anadlu. Bwthyn gwyliau yng nghanol nunlle lle nad
oedd signal ffôn i'w gael dim ond ar hap. Nid bod ots

am hynny. Bricsen o beth oedd ffôn symudol bryd hynny, rhywbeth i yrwyr lorris a lladron a phobol oedd yn cael affêrs. Doedd fawr o ots y diwrnod hwnnw a oedd gen i un ai peidio. Nid fel heddiw. Heddiw mi faswn i'n mynnu cael signal ym mhobman. Heddiw fydda i byth yn mynd i unman heb fy ffôn yn fy mhoced.

O, ydi. Bron nad ydi mobeil yn bwysicach i mi nag unrhyw beth arall y dyddiau hyn.

# Lw

Mi welais i o heddiw. Arthur Plas. O bell. Dim ond cip sydyn, ond roedd o'n ddigon i rywbeth yn fy stumog i roi naid. Ac nid cyffro oedd o. Nid rhyw 'W! Lyfli! Dyna syrpréis neis.' Na, roedd o'n debycach i'r tro hwnnw ym mherfedd rhywun pan fydd o'n tybio iddo weld ysbryd, er ei fod o'n gwybod ym mêr ei esgyrn nad oes yna'r fath beth yn bod.

Neidiodd allan o un o faniau'r filfeddygfa newydd, ag enw'r practis yn llachar ar ei hochr, a honno wedi'i pharcio'n flêr ar linell felen ddwbwl nid nepell o'r unig siop flodau yn y stryd fawr. Cuddiais tu ôl i'r blwch postio ar y palmant gyferbyn, yn boenus o ymwybodol fy mod i'n edrych fel dynes o'i cho' neu lofrudd neu gyfuniad peryglus o'r ddau yn fy nghôt laes a fy welingtons a fy ngwallt wedi'i stwffio i gyd i gap gweu clustiog. Roedd yna reswm eitha amlwg a hynod gredadwy pam fy mod i wedi gwisgo fel hyn, pe bai unrhyw un wedi trafferthu gofyn. Wnaeth neb.

Twtio'r ardd roeddwn i, cyn i mi gofio'n sydyn fod yn rhaid i mi anfon rhywbeth ar frys cyn casgliad post ola'r diwrnod. Roedd y gwynt yn fain a'r ddaear o dan draed yn fwdlyd oherwydd cawodydd trymion y noson cynt. Dyna egluro'r welis a'r cap: traed gwlyb a chlustiau oer ydi fy nau gas beth i. A'r gôt? Mae hi'n beth handi drybeilig, yn mynd dros bopeth, yn cuddio pob mathau o bechodau. Mae hi wedi fy ngalluogi sawl tro i ddanfon a nôl yr hogiau o lefydd, a hyd yn oed i nôl ambell dêc-awê, gan wisgo pâr o Uggs dros fy mhyjamas. Ond welis pinc oedd gen i heddiw, dros bâr o – ia, siŵr dduw – hen drowsus pyjamas. Mi fydda i wastad yn cael y rheiny'n bethau od o braf i'w stretsio dros fy mloneg ar gyfer pob math o weithgarwch nad yw'n cynnwys na phobol ddiarth na gorfod gadael y tŷ heb gôt. Ac i fod yn deg â mi fy hun, doeddwn i ddim yn disgwyl – nac ychwaith yn bwriadu – aros i siarad hefo'r un adyn byw. Doedd y blwch postio – er ei fod o'n dalach na fi a'i geg o ryw shedan yn fwy – ddim yn cyfri, er y bydda i'n cael gair neu ddau hefo hwnnw'n eitha aml, yn dibynnu ar y mŵd; efallai y gwna i ddiolch iddo am beidio cael ei wagio cyn i mi gyrraedd, neu dantro hefo fo os ydi'r fan bost wedi hen fynd a minnau ar ei hôl hi hefo taliad bil cerdyn credyd neu gyfraniad at Heddlu Gogledd Cymru i'w cadw nhw mewn camerâu sbidio.

Mae hyn i gyd yn egluro pam nad oeddwn i'n orawyddus i ddod wyneb yn wyneb ag unrhyw un yr oeddwn yn ei adnabod, ac afraid ychwanegu bod Arthur reit ar dop y list. Fyddai wash-an-set fatha helmet a chostiwm fel Magi Thatcher hyd yn oed ddim yn rhoi digon o hyder i mi wynebu hwnnw, felly prin y byddai trowsus pyjama Mini Mows a chap clustiog fel un Shyrloc Hôms – sef iwnifform y rhai a roddir dan glo er mwyn eu diogelwch eu hunain – yn cyfrannu llawer mwy at y sefyllfa na rhoi i mi ddos go hegar o atal dweud a bochau'r un lliw â'r blwch llythyrau yr oeddwn i'n cuddio mor ddiolchgar tu ôl iddo.

Fu Arthur ddim yn hir yn y siop flodau. Roedd hi'n amlwg mai casglu tusw wedi'i baratoi eisoes oedd o. Cap Shyrloc am fy mhen neu beidio, doedd dim angen bod yn dditectif i ddyfalu hoff flodau pwy oedd y rhosod a'r lisanthus a'r blodau gwylltion cogio yn y fintej tai-dai bwcê a oedd lond ei hafflau. Roedd hi'n amlwg nad oedd fy annwyl chwaer, gyda dipyn o help gan Edith y Mastiff Ffrengig hefo'r wyneb gwae-fi-fy-myw 'na oedd ganddi, ddim wedi gwastraffu dim amser yn swyno Arthur Plas unwaith yn rhagor.

Fedra i mo'i osgoi o am byth, dwi'n gwybod hynny. Yn enwedig os ydi o a Bel yn ailgynnau tân. Mi fydd yn siŵr o ddod â fo i barti Mam a Dad. A dw inna'n boenus o ymwybodol o eironi'r holl beth. Roeddwn i'r un mor awyddus â Bel i drefnu'r parti 'ma iddyn nhw. Roedd o'n syniad grêt, yn enwedig ar ôl yr holl shit maen nhw wedi bod drwyddo'n ddiweddar. Ia, Dad gafodd y salwch, ond mae'r ddau wedi dioddef o'i herwydd o.

Mae Mam wastad wedi peintio gwên ar ei hwyneb o fy mlaen i a Bel ers pan oedden ni'n blant. Wedi trio'n gwarchod ni rhag gwirioneddau bywyd. Ond mae'r rheiny'n dal i fyny hefo pawb ohonon ni yn y diwedd, ni waeth faint mae'n rhieni ni'n trio sefyll rhyngddyn nhw a'r goleuni. Fedrai'r un wên famol fod wedi fy nghysgodi rhag yr hunllef o golli Llew. Mae Mam yn trio'i gorau i'n cysgodi ni rŵan rhag i ni sylwi ar y ffordd y mae hi a Dad yn pellhau oddi wrth ei gilydd. Dwi ddim yn credu fod Bel wedi amau dim – mae honno'n rhy brysur hefo'i helbulon ei hun – ond dwi'n ymwybodol ers tro byd nad ydi Dad mo'r un un. Ydi, mae cael canser wedi cnocio'r stwffin allan ohono fo. Mi fasai hynny'n digwydd i unrhyw un. Ond mae o'n un o'r rhai lwcus sydd wedi gallu'i goncro fo. Mi ddylai fod ar ben ei ddigon. Nid pawb sy'n cael ail gyfle.

Mi ddylwn i, o bawb, allu deall nad ydi dim byd yn ddu a gwyn. Ocê, mae o'n cael pyliau o deimlo'n isel; pwy fyddai ddim ar ôl bod trwy'r felin fel mae o wedi'i wneud? Dwi'n derbyn hynny. I raddau. Gan feddwl ar yr un pryd faint fyddwn i wedi bod yn fodlon ei roi er mwyn cael ail gyfle i Llew. Dwi'n teimlo'n chwerw pan fydda i'n gweld Dad yn ei fŵds, ei ddipresions. Ista'n fanna â'i ben yn ei blu o flaen teledu nad oes neb yn ei wylio, ac yn gwrthod dweud na bw na be' wrth neb. A Mam tu ôl i'r wyneb pathetig o siriol 'na sydd ganddi, gwên wen wedi'i thorri o gylchgrawn, yn dioddef llawn cymaint ag yntau. Dwi isio gweiddi arni hithau: Mam, ymlacia, wir dduw. Mi fedar godi i wneud ei banad ei hun. Dydi cyhyrau dy fochau di ddim yn brifo, dywed? Tynna'r masg. Rho sgwd iddo fo yn lle tendiad arno law a throed, a dywed wrth y diawl anniolchgar ei fod o'n lwcus ei fod o'n dal i fod yma hefo ni. Ond dydw i ddim, nac'dw? Na, yn lle hynny, dwi'n cytuno i drefnu parti iddyn nhw i ddathlu pen-blwydd eu priodas. Mwy o ffalsio, mwy o wenau papur, lle bydd yr awyrgylch yr un mor fregus â choesau'r gwydrau proseco rhwng bysedd a bodiau pawb.

"Mi fydd y proseco'n iawn ar y cychwyn," meddai Bel, pan oedden ni'n trafod y diodydd ar gyfer y noson. "Ond fedran ni ddim jyst yfed hwnnw drwy'r nos. Mae gormod o fybls yn medru rhoi cur pen i rai pobol."

"Taw â deud."

Chlywodd hi mo'r coegni yn fy llais i – neu

dewisodd beidio – ond roedd y ffordd roedd hi'n 'byblo' hefo brwdfrydedd bron yn blentynnaidd tuag at y parti 'ma'n bygwth rhoi throbar o gur pen i minnau. O achos nad oedd hi ddim wedi gweld yr arwyddion, nac oedd? Roedd hi'n rhy benchwiban i sylweddoli fod Dad yn isel a Mam yn ddigalon a bod y ddau'n gori ar eu hanhapusrwydd fel dwy iâr yn ceisio cadw cerrig glan-y-môr yn gynnes. Ac roeddwn innau'n gwybod y byddai Mam yn haeddu Oscar ar noson y parti am fynd drwy fosiwns hapusrwydd â'i masg 'ww-dwi-mor-ecseityd' wedi'i smentio'n dynnach nag arfer dros ei hwyneb, tra byddai'n well gan Dad ista yn y twll dan grisia hefo sach dros ei ben na bod yno o gwbwl.

Fel y byddwn innau.

Heb Llew.

Ac Arthur Plas yno, wedi dychwelyd fatha'r mab afradlon â'i drwyn mewn platiad o sosej rôls.

"A chan na fydd 'na ddim sosej rôls ..."

Iesu, oedd hi wedi dechrau darllen meddyliau rŵan hefyd ar wahân i fod yn ecsbyrt ar bob dim arall ...?

"... dwi wedi archebu – wel, na, dwi wedi eu prynu nhw actsiwali – rhywfaint o focsys o'r Gavi 'na ... ti wedi'i gael o gen i, ti'n cofio? Ôn i wedi cael potel gan Ifan, doeddwn, ac es i'n hwcd!" (Chwerthiniad oedd yn gyfuniad o wich a bref fel oen maharan ar asid. Amlwg ei bod hi wedi cael glasiad neu ddau ohono'n barod.) "Wel eniwe, mae o'n blydi lyfli a dwi'n gwybod bod Dad yn ei lecio fo hefyd ar ôl i mi ddod â peth iddo fo rhyw dro ..."

"Rhywfaint? Faint ydi hynny 'lly?"

"... gwin Eidalaidd rili neis." (Dewis peidio clywed

y cwestiwn.) "Fedar pobol ddim peidio'i lecio fo. Yn enwedig a chanddon ni thema Eidalaidd i'r noson ..."

"Eidalaidd?"

"Ti'n gwrando dim, nac wyt, Lw? 'Dan ni wedi trafod hyn. Dim sosej rôls! Cael byffe o fwyd bys a bawd Eidalaidd, 'de. Mini pitsas, a *gnocci* ac olifs ac ati. O achos mai i'r Eidal aethon nhw ar eu mis mêl. Ti'm yn cofio? 'Dan ni wedi sôn am hyn!"

Oeddwn, roeddwn i'n cofio erbyn iddi hi ddweud. Dim ond bod fy mhen i'n llawn o amheuon a hiraeth a hormonau ar y pryd. Anadlais. Cyfrais i ddeg. A diolch i dduw nad oeddwn i wedi cytuno ar unrhyw bwynt yn ystod niwloedd y trafodaethau a'r trefniadau i wisgo côt gynffon a mwstásh a chodi ar ben cadair hefo clustog yn fy nhrowsus i ddynwared Pavarotti.

"Plis deud dy fod ti'n cofio? Lw?"

"Yndw. Yndw, dwi'n cofio ... jyst ... dim ond ..." Daeth y rhuthr dagrau o nunlle, fatha tisian. "... meddwl am fod yno ... heb Llew."

"O, Lw!"

Roedd hi'n fach yn fy mreichiau, yn llai na Gruff, ac roedd hi fel cael fy nghofleidio gan Bambi.

"Sori, Bel ... paid â chymryd sylw ... hormons ..."

"Naci, Lw. Hiraeth. Mae gen ti berffaith hawl teimlo fel hyn."

Roedd hi'n ffeind, yn chwaer i mi, yn daer fel tylwythen fach deg ag ogla blodau ar ei phersawr. Daliodd fi'n dynn tra gostegodd y storm tu mewn i mi, a maddeuais innau iddi'r cyfan – y gwin, y *gnocci*, y brwdfrydedd-boen-yn-din. Ond fedrwn i ddim maddau iddi am Arthur, am ei lusgo'n ôl i'n bywydau ni. Fedrwn i mo'i beio hi chwaith. Pan oedden nhw'n gariadon am y tro cyntaf, roedd Llew gen i a doedd dim ots. Arthur? Pwy ddiawl oedd Arthur? Roeddwn i a'r hogiau – yn enwedig Rhun – yn saff. Doedd dim yn gallu fy nghyffwrdd. Ond diniweidrwydd oedd hynny, nid diogelwch. Bod yn ben-yn-y-tywod o saff. Byw yn y foment. Un arall o gryfderau Llew.

Rŵan hyn, yn fy nhrowsus pyjamas yn cuddio tu ôl i flwch postio ddiwedd prynhawn mwll a'r dre'n distewi, dwi'n gorfod cyfaddef wrtha i fy hun bod yna fwy iddi bellach na hiraeth am Llew. Mae gen i ofn. Dim ond Llew a wyddai'r gyfrinach. Llew oedd yr un a barodd i honno ddiflannu drwy sefyll yn y bwlch. Bod yn dad i Rhun. Yr unig un arall a wyddai am y rhyw meddw byrbwyll a genhedlodd fy mab hynaf oedd Arthur ei hun. A doedd gan hwnnw'r un syniad fy mod i wedi beichiogi. Roedd o'n rhy barod ac yn rhy falch, fel finnau, i wadu'r digwyddiad yn llwyr tra oedd o a Bel yn canlyn. Cadwasom bellter parchus oddi wrth ein gilydd, ymddwyn fel y dieithriaid y credai pawb yr oedden ni. Ac roedd hi mor hawdd, fel rhoi chwalwr drwy linell pensil, a'i anwybodaeth lwyr am ganlyniad yr ymbalfalu chwil hwnnw nad oedd gen i ond prin gof ohono fel cudynnau o rywbeth brau yn bell yng nghefn fy ymennydd yn fendith i ni i gyd.

Ydyn. Rŵan hyn, mae pethau'n wahanol. Oes, mae yna amser maith wedi mynd heibio. Pethau i fod i wella gydag amser, dydyn? Yn enwedig â hynny bron yn ugain mlynedd o amser. Ond y cyfan a olyga hynny, wrth gwrs, ydi bod Rhun hefyd erbyn hyn bron yn ugain oed. Dydi bechgyn bach pryd golau ddim yn aros felly am byth. Mae Rhun bellach yn ddyn ifanc tal a main ac mae'i gyrls golau'n fwng tywyllach, yn fframio'r llygaid meddal a'r ên fain. Mae ias rhewllyd sy'n fysedd i gyd yn chwarae tiwn ar hyd asgwrn fy nghefn. Dydi hi ddim yn alaw dwi isio'i chlywed, ddim yn lyric dwi angen cael fy atgoffa o'i brath. Gwyliaf Arthur, ei gerddediad, buan ac i bwrpas â'i law rydd yn ei boced. Fel y cerdda Rhun. Dydi Arthur Plas ddim cyn feined y dyddiau hyn, ond mae'i osgo'r un fath. Mae yna dwtsh o frithni o gwmpas ei glustiau. Does ganddo ddim gwallt hir bellach sy'n tonni dros ei wegil. Gwallt tywyll, bron yn ddu.

Gan Rhun mae hwnnw.

# Hedd

Mae tonnau'r môr yn ei esmwytho, bron iawn yn ei suo i gysgu. Mae o'n deimlad o ymollwng, o adael i rywbeth arall fynd â fo ymaith i rywle. Felly roedd y cyffur lladd poen hwnnw hefyd pan oedd o'n sâl. Mynd â fo i fyny fry. Rhoi adenydd iddo. Roedd o fel Icarws. Yn codi'n uwch ac yn uwch. Yn mynd i'r lle gogoneddus hwnnw yn ei feddwl cyn i'r sglyfath salwch 'na gael gafael arno. Hwnnw a ddaeth yn ddistaw bach yn nhraed ei ffycin sana a dwyn oddi arno. Gwneud iddo deimlo'n llai o ddyn. Doedd o ddim hyd yn oed wedi ei frifo. Ar ôl y llawdriniaeth daeth y poen. A'r poenladdwyr. Rheiny oedd ei achubiaeth fregus. Rheiny a'i cododd. I fyny. Uchel. Uwch. A phwyso *rewind* ar y cachu i gyd. Bu ond y dim iddo fynd yn gaeth iddyn nhw. Ni fedrai wynebu'r cwymp. Y realiti. Y plu'n disgyn o'i adenydd fesul un ac un.

Dydi o ddim isio syrthio i gysgu. Nid a hithau'n mynd i gyrraedd unrhyw funud. Mae o'n dal i gael yr un wefr wrth ei gweld, yr un cwafars ym mhwll ei stumog wrth glywed teiars ei char yn cnoi'r gro mân. Hyd yn oed rŵan, mae hi'n dal i wneud iddo deimlo'n newydd sbon. Yn cadw ddoe'n gyfan iddo, yn fyw, fel cwpanu gwyfyn yn ei dwylo.

Mae o'n ei charu hi. Ac yn caru lles ei wraig a'i

deulu. Dydi o ddim yn berson perffaith o bell, bell ffordd, ond dydi o ddim yn fastad llwyr chwaith. Efallai mai dyna fu'r broblem o'r cychwyn. Pe bai o wedi bod yn ddiawl hunanol a mynnu chwalu'i briodas er mwyn mynd at rywun arall byddai'r darlun yn ddu a gwyn. Y toriad yn egar ond yn lân fel cyllell trwy gnawd. Meddylia am Mei Bwtsiar yn torri oen yn ddarnau. Digyfaddawd ac i bwrpas. Ai felly y dylai yntau fod wedi darnio'i briodas a symud ymlaen? Fatha rhoi oen ar flocyn a'i dorri o'n tsiops?

"Hei! Ti'n iawn?"

Mae hi'n llithro i mewn i'r sedd wrth ei ochr, yn ymestyn am gusan cyn disgwyl am ei ateb. Rhydd y fasged ar y llawr rhwng ei thraed. Y picnic. Gall weld caead y fflasg o goffi'n ymestyn rhwng y cwdyn papur sy'n dal dwy gacen a'r ffoil sy'n barsel bach twt am y brechdanau. Mae hi'n eu torri nhw'n drionglau, weithiau heb grystiau, fel i barti plant bach. Mae o'n dotio at y pethau hyn ynddi, at y ffordd mae hi'n trafferthu hefo'r manion. Yn gwneud pethau'n dlws.

"I be' ti'n dal i drafferthu hefo hen groc fatha fi, dywed?"

Ond mae o'n ei dal hi'n dynn, yn falch ei bod hi yno, yn falch ei bod hi'i isio fo o hyd.

Dydi hi ddim yn ei lecio fo'n siarad fel hyn. Bod yn ddibris ohono'i hun. Mae o'n gwybod ei bod hi'n ei addoli o. Pam arall fasai hi'n dal i ddod ato fel hyn? Ar ôl popeth. Er gwaetha popeth. Yn lle ateb, mae hi'n aros yn llonydd yn ei freichiau, yn gadael i'r sicrwydd hwnnw lifo rhyngddyn nhw, yn ewyllysio iddo'i deimlo, ei amsugno, fel rhoi'i law ar gynfas gynnes yn syth wedi'r smwddio a theimlo'r gwres yn aros.

Mae o'n ei charu hi, ond fedar o ddim caru hefo hi.

102

Gwnaeth y canser yn siŵr o hynny. Roedd y dewis a
gafodd adeg ei ddeiagnosis fel gêm ddieflig o rwlét.
Dyfodol heb ryw, neu ddyfodol yn y fantol, byw o
ddydd i ddydd yn gwybod fod yna rywbeth yn llechu
tu mewn iddo'n disgwyl ei gyfle. No brênar, yn doedd?
I fod. Cymryd yr op ac achub ei fywyd. Roedd yn cael
cynnig cyfle nad oedd pawb yn yr un sefyllfa'n ddigon
ffodus i'w gael. Roedd o'n un o'r rhai lwcus.
Cywilyddiai erbyn hyn o gofio'i fod o wedi pendroni
bryd hynny, wrth adael ystafell ei gonsyltant ar ôl
cytuno i'r llawdriniaeth, ynglŷn â'r ffaith nad oedd
diffiniad pawb o fod yn 'un o'r rhai lwcus' ddim cweit
yr un fath. Aeth cyn belled â thybio mai dyma'i gosb
o'r diwedd am ei anffyddlondeb ar hyd y blynyddoedd.
Doedd o ddim yn ddyn crefyddol, ond rŵan, ac yntau'n
sefyll ar ei ben ei hun ym maes parcio'r ysbyty, a'r
smwclaw'n rhy dyner, rhy dlws, yn glanio ar ei
wyneb fel cusanau, roedd rhyw angen cyntefig i
gredu yn nialedd duw dieflig yn gweddu'n well
i'w hunandosturi. Onid oedd yr ergyd a gawsai, y
penderfyniad creulon yr oedd o'n cael ei orfodi
i'w wneud, yn haeddu mwy o ddrama na hyn?
Meddyliodd am ffilm a welodd am Noa'n adeiladu'r
arch, a chyllyll o law gwyn yn plastro'i wallt ar ei
dalcen. Cododd Hedd ei lygaid i chwilio a oedd yna
gwmwl siâp dwrn yn crogi yn yr awyr uwch ei ben.
Doedd yna'r un. Peidiodd y glaw.

"Ma' dy feddwl di'n bell," medda hi. Dilyn ei lygaid
o. Ei nabod o. Dod â fo'n ôl at rŵan. Atyn nhw ill dau.
Does yna ddim cymylau crynion heddiw chwaith;
cudynnau gwynion ydyn nhw, addewidion, fel gwallt
merch yn heneiddio.

"Meddwl amdanan ni," medda fo.

Dydi hynny ddim yn gelwydd i gyd. Mae o'n meddwl pa mor rhyfeddol ydi'r ffaith bod yna sawl math o gariad. A bod y cariad hwn rhyngddyn nhw o'r math puraf. Yn rhoi heb fynnu dim yn ôl. Yn lleddfu'r ofnau oedd ganddo y basai o'n ei cholli hi ar ôl yr holl flynyddoedd.

"'Dan ni'n dal i fynd, chdi a fi, ers amser maith. Fatha Katharine Hepburn a Spencer Tracy. Hynny'n dweud rhywbeth, yn dydi?" medda hitha wedyn. Darllen ei feddwl o. Sbwci. Digwydd o hyd. Y math puraf. "Mi gawson nhw affêr am chwartar canrif heb gael eu dal."

"Dwi'n dal i ryfeddu na chawson ni mo'n dal."

"Mae 'na fwy nag un ffordd o gael dy ddal."

Bod yn smala mae hi. Fflyrtio. Mae o'n dynn ar ei drigain, yn cogio'i fod o'n ganol oed; mae'i ben-glin o'n drwm o gricmala, cheith o'm min go iawn byth eto; mae o'n ymgorfforiad creulon o lyrics Leonard Cohen ac mae hi'n gwneud iddo deimlo y gall goncro Kilimanjaro mewn fflip-fflops. Dechreua chwerthin nes bod ei lygaid o'n toddi.

"'Sa well i ti gael brechdan," medda hi.

"Ti'n donic," medda fynta.

"Tiwna 'ta ham?"

"Ma'r holl baratoadau ar gyfer y parti 'ma'n mynd ar fy mrêns i," medda fo.

Mae hi'n chwalu drwy'r bocs brechdanau rhag bod yna ddistawrwydd. Gwylia'i hymateb hi fel y gwyliodd y doctor hwnnw'i ymateb yntau yr holl fisoedd 'na'n ôl. Mae meddwl amdani'n gorfod goddef ei wylio'n dathlu pen-blwydd ei briodas yn boen arno. Mae o ar fin dweud hynny wrthi, yn pendroni a fyddai dweud wrthi hefyd ei bod hi'n un o fil yn mynd i wneud iddo swnio'n rêl bastad nawddoglyd, pan gaiff hi'r blaen arno:

"Dwi wedi cael gwahoddiad."

"Be'?"

"I'r parti. Ma' Miriam wedi rhoi gwahoddiad i mi. Un swyddogol. Cardyn bach del. *Dymuna Hedd a Miriam eich gwahodd i ddathlu achlysur eu Priodas Saffir ...*"

"Shit."

"Wyddet ti ddim?"

"Fi? Iesu, na wyddwn. Sgin i'm blydi syniad pwy ma' hi wedi'u gwadd!"

"Mae'n amlwg y baswn i'n cael gwadd, tydi?"

"Ydi hi? Dydi hi ddim fel pe baech chi wedi cadw mewn cysylltiad dros y blynyddoedd, nac'di?"

"Dyna oedd y trefniant, 'de? Cadw pellter. Er mwyn ..." Nofia cynffon y frawddeg mewn niwl rhyngddynt, y geiriau sydd heb eu dweud. Ond maen nhw'n gwybod be' sydd yna. Yn gweld ei gysgod, fel sbio drwy gataract.

"Does dim rhaid i ti ddod, sti ..."

Ond mae o'n swnio'n bathetig. Meddwl amdano fo'i hun mae o rŵan, am ei anesmwythyd ei hun ac nid am ei theimladau hi, a gŵyr hithau. Dyn priod sy'n cael affêr ydi o, wedi'r cyfan. Ond mae popeth yn gymhleth. Mae mwy iddi. Pelen eira o gyfrinach sydd wedi rowlio a chwyddo a chledu fel na fydd dadmer arni byth. Ac oherwydd hynny, oherwydd y cyfan mae Audrey wedi'i dderbyn a'i oddef, a'r dagrau mae hi wedi'u colli dros amser maith ar ei gownt o hefyd, fedar hi ddim peidio poenydio rhyw fymryn bach, bach arno.

"Does dim isio i ti boeni amdana i, Hedd. Wir rŵan.

Mi fedra i handlo'r sefyllfa. Wedi'r cwbl, dwi wedi cael digon o bractis dros y blynyddoedd, yn do?"

Rhyw broc bach. Ei atgoffa'n gynnil ei bod hithau wedi dioddef hefyd. Mae'r gwreichion bach yn ei llygaid hi'n bygwth ei bradychu: gwêl yntau'i bod hi'n mwynhau hyn fymryn yn ormod. Mae o'n brathu i'w frechdan yn swnio rhyw dwtsh yn pisd off pan ddywed drwy gegiad o fara a ham:

"Ocê, dim probs."

Ond mae'r holl beth yn frith ohonyn nhw. Problemau. Cyfrinachau. Mae o'n cael perthynas hefo chwaer Miriam. Wel, hanner chwaer. Ond dydi hynny'n gwella dim ar bethau. Chwiorydd ydi chwiorydd. Ac maen nhw'n cael gwahoddiadau i bartïon ei gilydd, yn dydyn? Yr hyn nad ydi Audrey na Hedd yn ymwybodol ohono ydi'r ffaith mai Bel sy'n gyfrifol am y gwahoddiadau, nid ei mam.

"Mi edrychith yn od os dwi'n gwrthod dod," medda hi.

Mae o'n mygu ochenaid mewn cegiad o goffi, ei lyncu i lawr fel pe bai o'n trio claddu'r cyfan o'r golwg tu mewn iddo. O'i flaen, mae'r môr a fu'n esmwytho'i synhwyrau gynnau fach wedi dechrau corddi rhyw fymryn wrth i'r awel gryfhau a chwipio'i wyneb. Teimla'r tonnau hynny rŵan fel pe baen nhw oddi tano, yn corddi'r cinio roedd o newydd ei fwyta. Mae'r diwrnod wedi'i droi ben ucha'n isa. Nid am y tro cynta yn ei fywyd, teimla Hedd ei fod o'n colli rheolaeth. Gwna'r hyn mae o'n ei wneud orau'n ddiweddar. Trosglwyddo'r awenau.

"Os wyt ti'n dweud, 'ta, Audrey. Rhaid i ti wneud be' ti'n feddwl sy'n iawn."

# Lw

Mae yna bum ces o Gavi ar fwrdd y gegin.

"Fedri di gadw'r rhain i mi, medri, Lw? Dwi angan lle yn y ᶠan i ddanfon seidbord i gwsmer, yli."

Cwestiwn rhethregol ydi o, siŵr iawn. Mae hi wedi dadlwytho'r gwin cyn gorffen siarad, ac nid dyna'r unig beth mae hi'n ei adael ar ôl yn fy nghegin i cyn troi ar ei sawdl.

"Hitia befo, Edith. Ma' gin i gyw iâr oer yn ffrij."

Mae hi'n ista ar ei cholyn ar ganol y llawr, yn sbio arna i'n ddiwyro efo'i llygaid melyn. Dwi'n dechrau meddwl a ddylwn i ddweud rhywbeth yn Ffrangeg cyn sylweddoli nad ydi'i chrap hi ar ieithoedd tramor fawr gwell na f'un i. Felly dwi'n rhoi cynnig arall arni yn fy Nghymraeg gorau: "Ti isio tamad o jicin?"

Y gair hud. Mae hi'n codi ar ei thraed â'i chynffon yn pendilio. Pwy sy'n dweud 'cyw iâr' eniwe? Hanner Tesco Finest Whole Cooked Roast Chicken a thair sosej yn ddiweddarach mae Edith wedi setlo'n braf o flaen y stof a dw inna'n gwneud panad haeddiannol i mi fy hun, yn rhyfeddol o falch fy mod i wedi gallu gwneud i gi hefo wyneb mor pisd off hefo'r byd edrych mor fodlon. Fy nhro i ydi setlo wrth y bwrdd – neu wrth hynny o le sy'n weddill arno ar gownt yr holl focsys gwin – hefo fy nghoffi ffresh a fy nghopi o

*Golwg* a dwi'n fy nghael fy hun yn mynd o gwmpas ar flaenau fy nhraed yn ddistaw bach rhag deffro Edith. Mae yna rywbeth od o gysurus yn ei chwmni hi, er ei bod hi'n meddiannu hanner llawr y gegin ac yn chwyrnu a chwythu bob yn ail yn ei chwsg fel injan ddyrnu fach hapus. Dwi'n meddwl am gartŵn y byddai Rhun yn ei wylio pan oedd o'n fychan. *Clifford the Big Red Dog.* Roedd hwnnw'n anferth, yn fwy na'i berchennog a phopeth arall o'i gwmpas. Ninnau'n teimlo bechod dros Clifford fel pe bai o'n gi go iawn pan oedd o'n rhy fawr i fynd drwy ddrysau a dilyn Emily Elizabeth, y ferch fach oedd pia fo. A dyna ddechrau ar holl swnian Rhun. Mam, gawn ni gi? Mam, pam na chawn ni gi? Bu'n diwn gron am flynyddoedd nes daeth Gruff i ymuno yn y byrdwn. Pan na chawson nhw lwc hefo fi mi ddechreuon nhw ar Llew. Roedd hwnnw'n fwy calonfeddal a pharod i ildio. Roedd o a'r hogia bron, bron wedi fy mherswadio innau ac yna aeth Llew yn sâl. Newidiodd popeth. Neu'n hytrach, chwalodd popeth. A rŵan, dwi'n ista yma ar fy mhen fy hun yn ail-greu golygfa o *Turner and Hooch* ac mae ci o'r un lliw a maint â buwch Jersi wedi claddu mwy na hanner y cyw iâr roeddwn i'n bwriadu'i gael i swper.

Chwerthin fasai Llew wedi'i wneud. Dweud fod hynny'n esgus perffaith i nôl Chinese. Ac mi fasai wedi mopio hefo Edith hefyd, wedi rhannu hanner ei nŵdls hefo hi wedyn, a honno'n ista'n addolgar wrth ei draed a'i phen ar ei lin o. Effaith felly roedd o'n ei gael ar bawb. Roedd o'n beryglus o hawdd i'w addoli. Iesu, mae gen i hiraeth amdano weithiau nes fy mod i jyst â drysu. Mae o'n waeth ar adegau fel hyn pan dwi ar fy mhen fy hun yn hel meddyliau. Dyna pam fod cadw'n brysur yn llesol. Fi oedd yr un a dynnodd y parti pen-blwydd priodas 'ma i fy mhen. Fy syniad i oedd o. Wedyn mi roddodd Bel ei phig i mewn a chwythu'r cyfan i diriogaeth jiwbilî. Dyblu a threblu meintiau a niferoedd a gwadd pawb a'i nain a'i gath drilliw a'i blydi stôl odro.

Rhywbeth tawelach a oedd gen i dan sylw ar gyfer y parti. Nid rhyw dw-sefyll-o-gwmpas-canapes-a-choctels, ond mwy o ryw swper i'r holl deulu, cartrefol ond dipyn yn sbesial fatha cinio Dolig. Bel berswadiodd Mam a fi y byddai gwahodd cylch ehangach o ffrindiau a chydnabod yn debycach o orfodi Dad i ddod o'i gragen a chymdeithasu mwy. Roedd hi'n haws cytuno ar y pryd, ac i fod yn deg â Bel, roedd yn syniad go lew. Dwi'n difaru erbyn hyn na fyddwn i wedi sticio at fy stondin. Fedra i feddwl am ddim byd gwaeth na llond stafell o bobol yn eu crandrwydd yn mân siarad a chwerthin, a finna yno heb Llew wrth fy ochr. Dwi'n gwybod y bydd Rhun a Gruff yno, ond dydi o ddim cweit yr un fath â bod ar fraich fy ngŵr. Dwi'n fwy unig yng nghanol torf y dyddiau hyn nag ydw i pan dwi ar fy mhen fy hun. Mae gweld pawb hefo cymar yn rhoi halen yn y briw, ac mae'r hiraeth yn saith gwaeth.

Mae bariton o gyfarthiad yn peri i mi droi fy nghwpan goffi bron. Dwi erioed wedi clywed Edith yn cyfarth o'r blaen. Mae hi wedi gweld cysgod rhywun yng ngwydr gwyn drws y cefn, ac yn ei gaddo hi o ddifri i bwy bynnag sy'n sefyll yno. Roedd Bel eisoes wedi fy rhybuddio i fod y Dogue de Bordeaux yn adnabyddus fel ci gwarchod heb ei ail. Doedd hi ddim yn anghywir. Mae llith Edith yn ddigon i oeri'r gwaed. Saif rhyngddo i a'r drws, a'r rhybudd yng nghefn ei gwddw hi'n rowlio fel taran. Mae Bel wedi ceisio fy sicrhau na fasai hi byth yn brathu neb, dim ond ista arnyn nhw rhag iddyn nhw ddianc. Er mor ddiolchgar ydw i i Edith am ei pharodrwydd i warchod fy einioes, dwi'n mawr obeithio na fydd ganddi ffansi gwneud yr un o'r ddau beth y funud hon. Dydi'r cysgod ddim yn ymddangos yn fawr nac yn fygythiol; yn wir, mae truth Edith wedi peri iddo gamu'n ôl oddi ar y stepan.

"Dyna fo, Edith. Da'r hogan. Dyna ddigon. Ista."

Mae hi'n dewis aros ar ei thraed (mae'r brid yma'n lecio meddwl yn annibynnol, medda Bel. Haws gen i feddwl mai pengaled ydyn nhw), ond mae'r daran yn dal i rowlio'n bell. Dwi'n mentro agor cil y drws, a gweld fod yr ymwelydd yn un annisgwyl a dweud y lleiaf.

"Ifan!" Mae hi'n gamp cael doctor i ddod allan ar achlysuron lle mae pobol yn llyg ar lawr, heb sôn am gael un a fu'n shagio dy chwaer tu ôl i gefn ei wraig yn glanio heb wahoddiad fatha E.T. Dwi'n siŵr bod y syndod ar fy wyneb i'r un mor amlwg â'r nerfusrwydd ar ei wyneb yntau, nid yn gymaint efallai am ei fod yn ymyl croesi rhyw ffin anweledig, ond oherwydd fod yna fastiff Ffrengig saith stôn yn pwyso'i phen yn erbyn fy nghoes dde i ac yn anadlu fatha ieti.

"Lwsi! Wyddwn i ddim fod gen ti gi."

Sy'n gyfystyr â pheidio gwybod mai ci Bel ydi Edith, yn de? A hynny yn ei dro'n golygu na fu unrhyw gysylltiad rhyngddo a hi ers i Arthur Plas ddychwelyd ar y sin. Be' felly mae o'n ei wneud ar stepan fy nrws i?

"Bel pia hi."

Mae hi fel pe bai clywed enw fy chwaer yn peri iddo symud ei bwysau o un goes i'r llall fatha iâr. Dwi'n gobeithio nad ydi o ddim wedi dod yma i gyffesu'i bechodau, neu waeth, wedi dod i ofyn i mi drio erfyn ar Bel i faddau iddo am beth bynnag wnaeth o o'i le, fel pe bai twyllo'i wraig ddim yn ddigon o gamwedd ynddo'i hun.

"O? O, reit."

Ac yn sydyn, o glywed ateb mor ddidaro ganddo i hynny, dwi'n gwybod nad wedi dod yma i siarad am Bel mae o. Mae o yma'n benodol i fy ngweld i. Dwi'n teimlo'r tro isio-chwdu hwnnw yn fy stumog sydd wastad yn rhagflaenu newyddion drwg.

"Be' sydd wedi digwydd, Ifan? Rhywbeth hefo'r hogia? Dad eto ...?

"Na, na, dim byd felly."

Mae golwg euog arno am godi ofn arna i, ond mae ganddo rywbeth go ddifrifol i'w ddweud wrtha i, mae hynny'n amlwg, yn enwedig ag yntau'n gofyn, yn ymddiheurol bron, a gaiff o ddod i mewn am funud. O weld yr olwg ansicr mae o'n ei thaflu i gyfeiriad Edith ar yr un pryd, fedra i fawr lai nag edmygu'i gyts o. Mae'r ffaith ei fod o'n fodlon mentro camu heibio i anifail diarth mor gerberwsaidd ei olwg â hwn yn golygu fod ganddo rywbeth eitha difrifol i'w ddweud, ond os nad ydi o yma yn rhinwedd ei swydd fel meddyg teulu, ynglŷn â be' mae'i neges o? Bel? Fedra i feddwl am ddim byd arall fyddai gynnon ni'n gyffredin. Ydi o'n ymwybodol, hyd yn oed, fy mod i'n gwybod unrhyw beth am eu haffêr nhw? Dwi'n penderfynu cau fy ngheg yn reit dynn, ei wahodd i mewn a gweld be' ddaw.

"Ista," medda fi, yn cynnig cadair iddo wrth

y bwrdd, ac er mawr ryddhad i'r ddau ohonom, mae Edith yn ufuddhau i'r un gorchymyn, ac yn ailfeddiannu'i lle o flaen y stof goed. "Gymri di banad?" Er mor gynnar yn y dydd ydi hi, mae golwg y gallasai lowcio rhywbeth cryfach arno.

Mae'n rhoi nòd o ddiolch. Edrycha'n rhynllyd, er bod ganddo gôt a'i bod hi fel uffern fach yn y gegin. O'r diwedd, fedra i ddal dim mwy.

"Ti'n dechra 'mhoeni fi rŵan, Ifan. Mae yna olwg rhy drasig arnat ti i hyn fod yn ddim byd arall ond newyddion drwg. Deud be' sgin ti i ddeud, er mwyn duw!"

"Dydi hyn yn ddim byd i'w wneud â dy chwaer, Lwsi."

Mae o'n gwybod fy mod i'n gwybod, felly. Dwi'n dewis peidio ymateb. Mae hi'n sefyllfa sydd lawn digon chwithig fel ag y mae hi.

"Wel, be' 'ta?"

Dwi'n swta. Does gen i mo'r help. Mae rhyw olwg lywaeth, lwydaidd ar Ifan McGuigan ar y gorau. Duw a ŵyr, os dwi'n bod yn onest, be' welodd Bel ynddo fo erioed.

"Seren," medda fo, o'r diwedd.

Ac fel pe bai hi wedi adnabod yr enw, a chyda'r amseru mwya perffaith, mwya dieflig yn y byd, mae Edith yn rhechan. Er gwaetha popeth, fedra i ddim peidio gweld doniolwch y sefyllfa, ond dydi Ifan ddim yn cymryd arno, a dw innau'n cael yr argraff y byddai chwerthin rŵan gyfystyr â chwerthin mewn cnebrwn. Nid bod cael pwl o gigls yn uchel iawn ar fy rhestr flaenoriaethau i ar hyn o bryd. Nerfau ydi o. Twtsh o hysteria'n byblo yn fy ngwddw i. Dwi'n ei lyncu o i lawr.

"Sori, dwi'm yn dallt. Be' sy a wnelo fi â Seren?
'Dan ni'm yn nabod ein gilydd."

Mae Ifan yn sbio i waelod ei gwpan fel pe bai o'n
chwilio am gynhaliaeth.

"Nac'dach, dwi'n gwybod. Ond mae gynnoch chi'ch
dwy rywbeth yn gyffredin. Neu rywun, ddylwn i
ddweud." Mae o'n ochneidio fatha'r Eneth Ga'dd ei
Gwrthod. "Mi fasa'n well i mi ddod yn syth at y
pwynt, Lwsi."

"'Sa'n dda gen i tasat ti! Be' ti'n feddwl bod gen i a
Seren 'rywun yn gyffredin'?"

"Llew."

Mae yna ddod yn syth at y pwynt, ac mae yna gael
swadan annisgwyl hefo brithyll gwlyb. Dwi'n teimlo
ugain mlynedd yn disgyn yn deilchion wrth fy
nhraed, yn teimlo fy meddwl yn estyn am lun Llew
pan gyfarfyddon ni gyntaf yn siop gitârs Siôn
Biriyani, yn tynnu'r atgofion fesul un o waelod fy
nghof a'u dal o flaen fy llygaid: y ffordd y daliodd o fi
hefo'i wên o'r cyfarfyddiad hwnnw, y ffordd roedd ei
wefus yn goglais fy ngwallt wrth iddo sibrwd yn fy
nghlust. Y ffordd y dywedodd o y byddai'n rhaid iddo
ddweud wrth y cariad oedd ganddo ar y pryd ei fod o
wedi syrthio am rywun arall. Y ffordd yr aeth honno
i sterics a bygwth a bytheirio. Nes cafodd hi afael ar
foi a oedd yn hyfforddi i fod yn feddyg, a thros nos
daeth y rhagolygon ar gyfer dyfodol Seren Morgan yn
llawer mwy addawol. Onid oedd popeth yn digwydd
am reswm? Oni fyddai cyflog meddyg teulu'n cynnig
llawer brafiach byd iddi yn y pen draw na'r dyfodol
ansefydlog y byddai hi wedi'i gael hefo gitarydd mewn
band na wyddai beth oedd sicrwydd swydd naw tan
bump? Roedd hi'n ffodus – i mi – fod Seren yn ferch

mor faterol a'i bod wedi taro ar Ifan mor sydyn fel bod hwnnw wedi peri iddi anghofio am Llew megis dros nos.

Tyfodd Llew a fi hefo'n gilydd, ac i'n gilydd. Roedden ni'n un o'r cyplau prin, hynod ffodus hynny, a oedd wedi taro ar y fformiwla gemegol wyrthiol honno sy'n gallu clymu calonnau am byth. Yn hytrach na blino ar ein gilydd, gwelsom bob cyfnod yn ein bywydau fel antur newydd, her: fy meichiogrwydd i, teithiau Llew hefo'r band tra cadwai fy swydd ddysgu i'n gaeth i fy milltir sgwâr (er mai honno, diolch amdani, roddodd fwyd yn ein boliau ni a tho wrth ein pennau am amser maith), ein hail blentyn, sefydlu'r stiwdio recordio a'r cwmni hyrwyddo. Feddylion ni ddim am Seren Morgan wedyn am funud, ddim mymryn mwy nag a feddylion ni am Arthur Plas. Mae gan bawb ei orffennol. Mae'r rhan fwyaf ohonon ni'n fodlon ei adael lle mae o. Pam felly bod gŵr Seren, wedi'r holl flynyddoedd, yn dod yma i fy atgoffa sut y bu fy ngŵr i a'i wraig yntau'n gariadon unwaith, dro byd yn ôl, pan oedd newid i'w gael o bunt am bacad o ffags, a pheint o gwrw'n costio ceiniogau? Oes arall. Bywyd arall. Dydi Llew ddim hyd yn oed yma bellach.

"Fedra i ddim dallt, yn fy myw, pam wyt ti'n sôn am hyn rŵan, Ifan. Yn enwedig â Llew wedi marw. Be' ydi'r holl bwynt?"

Mae o'n cymryd ei wynt fel pe bai o ar fin plymio i ddyfnder peryglus.Wedi iddo gychwyn siarad, gwn mai dyna'n union mae o'n ei wneud.

"Cafodd Seren lythyr." Saib. "Coelia fi, Lwsi. Mae hyn yn gymaint o sioc i mi ag a fydd o i ti."

"Ti'n fy nychryn i rŵan, Ifan."

"Wyddwn i ddim oll am y llythyr chwaith. Dod ar ei draws o ar hap wnes i. Llythyr cyfrinachol."

Os oedd gen i unrhyw amheuaeth cynt ynglŷn â'u perthynas nhw, mae hyn yn cadarnhau'r cyfan. Doedd gan Llew a fi ddim cyfrinachau. Dwi'n edrych arno'n ddisgwylgar, ac ar yr un pryd, mae gen i ofn. Mae Seren wedi cael llythyr cyfrinachol. Yn fwy na hynny, mae'n amlwg fod ganddi gyfrinach go fawr y mae hi wedi bod yn ei chadw rhag ei gŵr ei hun. Ac mae a wnelo hyn oll â Llew. Yn sydyn, mae fy anadliadau i fy hun yn ymosod ar gefn fy ngwddw'n gawod o binnau.

"Dim iws i mi hel dail, Lwsi. Does 'na'm ffordd hawdd o ddweud hyn." A dyna hi. Wedi'i llefaru. Y frawddeg anfarwol honno sy'n garantî o fygwth rhoi strôc i unrhyw un. "Cafodd Seren fabi, flynyddoedd yn ôl, cyn i ni gyfarfod. Merch. Rhoddodd yr hogan fach i'w mabwysiadu. Mae'n rhaid ei bod hi wedi llwyddo i guddio'i beichiogrwydd oddi wrth bawb bryd hynny. Ddywedodd hi erioed ddim byd wrtha i am y peth. Oni bai am y llythyr yma, faswn i byth wedi ffendio allan. Mae'r ferch yn ugain oed erbyn hyn, ac wedi penderfynu chwilio am ei rhieni biolegol. Mae'u henwau nhw ar ei thystysgrif geni hi, wrth gwrs. Gwelodd Seren yn dda ar y pryd i ddatgelu enw'r tad, mae'n amlwg."

Mae'i enw fo'n ei ollwng ei hun dros fy ngwefus i fel gwynt yn rhuthro o swigan. Dwi isio'i gadw fo tu mewn i mi, ond fedra i ddim.

"Llew."

"Mae'n ddrwg gen i, Lwsi. Ond roeddwn i'n credu fod gen ti hawl i gael gwybod."

Am eiliad orffwyll, afresymol dwi'n ei gasáu o am

fod isio gwneud i mi ddioddef fel mae o'n dioddef.
Wedyn dwi'n gwylltio hefo Llew. Doedd yntau ddim
yn ymwybodol o feichiogrwydd Seren bryd hynny,
mae'n amlwg, ond dydi o ddim yma rŵan chwaith i
orfod wynebu'r peth. Fi sydd yma. Fi sydd ar ôl ar fy
mhen fy hun yn delio hefo'r shit i gyd. Mi fedra i
deimlo'r dagrau poethion yn pigo fy llygaid i, a fedra
i wneud dim i'w celu nhw. Dwi ddim isio'u celu nhw.
Pam na fyddai Ifan yn cadw'r blydi wybodaeth iddo
fo'i hun? Wedi'r cyfan, enw Llew sydd ar y tystysgrif,
nid f'un i. Dwi'n ddig, dwi wedi dychryn. Mae'n
cymryd munud neu ddau i mi sylweddoli nad oes
bai ar neb am hyn heblaw Seren. Hi gadwodd y
gyfrinach. Cadw'r gwir oddi wrth bawb.

"Dydi Llew ddim yma ddim mwy." Y frawddeg
ddiangen. Ymgais i shifftio'r cyfrifoldeb yn ôl ar
ysgwyddau Ifan. Dydi Seren yn ddim byd i mi. Yn yr
eiliad boenus honno dwi'n falch bod Bel wedi ffwcio'i
gŵr hi. Karma ydi o. Yr ast dwyllodrus iddi.

"Ond mae'i blant o yma, Lwsi."

Mae'r gegin yn dew o ogla coffi a choed tân yn
llosgi. Dwi'n teimlo gwres yr ystafell, yr arogleuon
cynnes, cyfarwydd, yn troi'n rhywbeth sicli a llethol.
Dwi'n gwybod be'mae o'n mynd i'w ddweud. Mae gan
ferch Llew ddau hanner brawd. Mae ganddyn nhw
hanner chwaer. Plant Llew. Dim ond nad ydyn nhw i
gyd yn blant i Llew, nac'dyn? A does yna'r un adyn
byw ar y blaned 'ma rŵan yn gwybod y gwir, heblaw
amdana i. Arthur Plas ydi tad Rhun. Ac mae isio
deryn glân i ganu. Pwy ydw i i feio Seren am ei thwyll
a'i chyfrinachau? Dydi o ddim yn fy rhwystro i rhag
ei chasáu hi chwaith, rhag casáu'r ffaith bod yna ran
fiolegol o Llew yn ei merch hi, ond nid yn Rhun, y

bachgen a fagodd fel ei fab ei hun. Ddylai hynny ddim gwneud gwahaniaeth. Ddylai o ddim.

Ond mae o.

Mae'r coedyn llosg yn disgyn yn erbyn drws y stof, yn duo'r gwydr, yn staenio fel cywilydd.

# Hedd

Dydi Hedd ddim yn ddyn hapus, ond mae o'n trio'i orau, ran amlaf, i wneud y peth iawn. Hynny yw, y peth iawn yn ei feddwl o. Y broblem ydi na fu'r peth 'iawn' ar y pryd ddim mo'r peth doethaf bob amser iddo. Y peth 'iawn' yn ei dyb o oedd aros hefo'i wraig, gan gredu y byddai perthynas gudd hefo Audrey'n ddigon i'w gynnal tra cadwai yntau'i deulu rhag chwalu. Roedd hi'n haws ganddo fyw hefo'i euog- rwydd na byw heb Aud. Wedi'r cyfan, pe na ddeuai neb arall i wybod, doedd o ddim yn brifo neb, nag oedd, heblaw fo'i hun? Felly roedd o wedi rhesymu hefo fo'i hun ar y pryd. Ac am gyfnod go hir, llwyddai i osod ei ddau fywyd yn eitha twt mewn bocsys ar wahân.

Roedd y ffaith bod Audrey'n berson mor annibynnol yn helpu'r sefyllfa, wrth gwrs. Cafodd hi'i hun ddihangfa o briodas a fyddai wedi'i dinistrio pe na bai hi wedi gadael, ac o'r herwydd roedd cael y rhyddid i fyw ar ei phen ei hun yn ei hafan ei hun yn fendithiol iddi. Roedd hi'n deall. Yn ei ddeall. Yn caniatáu iddo alw'r siots. Doedd hi'n rhoi dim pwysau arno i adael Miriam. Dim ond bod yna iddo, yn gysur. Y cymorth hawdd ei gael. Y cariad perffaith. A wnaeth yntau ddim dewis pendroni'n rhy hir chwaith dros faint yn union o ofid a roesai hyn i gyd i Audrey. Roedd pethau'n rhy hwylus ac yntau'n rhy hunanol. Yn cael y gorau o ddau fyd.

Tan rŵan. Tan y wêc-yp côl uffernol hwnnw hefo'i iechyd a'i gorfododd i ystyried beth oedd yn bwysig mewn bywyd. Ei ferched, wrth gwrs. Ei wyrion. A Miriam, wrth reswm. Onid dyna pam y bu mor gyndyn i'w brifo ar hyd y blynyddoedd? Ond beth amdano fo'i hun, y fo ac Audrey? Mae o'n ei gael ei hun yn mynd i'w wely gyda'r nos i droi a throsi, ac i godi'r bore wedyn heb ddeffro am nad ydi o wedi cysgu yn y lle cyntaf, dim ond i ofyn yr un peth i'w galon neu'i gydwybod neu beth bynnag uffar arall sydd tu mewn iddo'n rheoli'i holl weithredoedd: mewn byd o drywanu a llofruddio a gwewyr a thrais, pam bod jyst caru rhywun yn gallu achosi cymaint o boen i gymaint o bobol? Mae o'n rhywbeth sy'n ei boenydio rŵan; yn ei gythruddo a'i gaethiwo. A bellach yn ei chwerwi. Yn ei droi oddi wrth ei wraig, ei deulu, ei ffrindau na fedr o ymddiried ynddynt, ac yn ei blygu tuag at i mewn, tuag ato'i hun ac at y llais bach hyll sydd tu mewn iddo'n ei gyhuddo a'i gystwyo'n saith gwaeth nag y byddai unrhyw un arall yn gallu'i wneud.

Efallai y byddai'n well pe na bai Duw, neu wyddoniaeth neu ffawd, wedi rhoi ail gyfle iddo, ac wedi achub bywyd rhywun llawer mwy haeddiannol. Rhywun ifanc, anhunanol â'i fywyd o'i flaen. Mae o'n meddwl am Llew. Tad ei wyrion. Gŵr ffyddlon ei ferch. Sut byddai o wedi teimlo pe bai Llew wedi trin Lwsi fel mae o wedi trin Miriam ar hyd y blynyddoedd? Mae meddwl am hynny'n dod â dagrau i'w lygaid. Ac mae ambell un ohonyn nhw drosto fo'i hun.

Dydi o ddim yn edrych ymlaen at y ffars 'ma o barti, ond dydi fiw iddo siomi'r genod am fynd i'r fath drafferth i drefnu popeth. Dydi o ddim yn siŵr, yn ddwfn yn ei galon, a ydi Miriam yn edrych ymlaen rhyw lawer ato chwaith. Mae o'n ymwybodol bod ei iselder a'i bellter yn ei thynnu hithau i lawr, ond mae hi wastad wedi bod yn well na fo am roi wyneb ar bethau. Cadw gwên. Dagrau hynny ydi mai ar gyfer pobol eraill mae hi'n peintio honno ar ei gwefus gan amlaf. Fedar o mo'i beio hi, mae'n debyg. Gŵyr yn well na neb ei fod o'n medru bod yn uffar piwis ar brydiau. Dyna pam ei bod hi'n bwysig iddo wneud ymdrech, am unwaith. Dyna pam ei fod o yma.

Dydi'r un o'i draed o wedi bod mewn siop gemydd ers iddo brynu modrwy briodas Miriam. A dydi'r ffaith ei fod o wedi llwyddo i osgoi holl siopau jiwlar y stryd fawr ers dros ddeugain mlynedd fawr o destimonial iddo fel gŵr priod, mae'n debyg. Dydi o ddim yn gwybod dim oll ynglŷn â thaclau fel hyn. Bu'n haws iddo roi'r arian i Miriam ar hyd y blynyddoedd er mwyn iddi gael dewis rhywbeth roedd hi'n ei hoffi go iawn. A wnaeth o erioed rwgnach ynglŷn â phris dim byd, erioed warafun dim iddi. Dim ond rhoi ei gerdyn credyd iddi fel arfer. Welodd o erioed ddim byd yn afresymol yn hynny, a wnaeth hithau ddim cwyno. Pam ddylai hi? Faint o wŷr eraill allai honni bod mor hael? Ond roedd yr anrheg yma'n wahanol. Oherwydd y parti. Oherwydd y genod. Oherwydd ei euogrwydd.

"What anniversary is it?" medda'r ferch hefo'r masg o golur a'r llygaid-coesa-pry-cop i'w fatsio.

"Sapphire."

"Never heard of that one."

Dydi o ddim yn synnu. Chlywodd yntau erioed am y ffasiwn ben-blwydd chwaith. Diolcha nad ydi hi'n gofyn faint o flynyddoedd ydi Priodas Saffir. Dewisa weld bai ar Bel. Honno wnaeth yr ymchwil. Daw'r ferch ag amrywiaeth o emwaith sy'n cynnwys cerrig gleision, a'u gosod ar glustog fach felfed ar y cownter o'i flaen. Dewisa freichled. Rhesiad o gerrig saffir. Dewis da, meddai'r ferch. Syml ond effeithiol. *Understated* ydi'r gair mae hi'n ei ddefnyddio. Cyfeiria at y freichled fel *tennis bracelet*. Mae'n giglan yn blentynnaidd pan wêl ei olwg ddiddeall. Na, nid ar gyfer chwarae tennis, siŵr iawn. Steil a elwir ar ôl y chwaraewraig tennis honno ers talwm. Ydi, mae o wedi clywed am Chrissie Evert. Yn synnu fod hon yn gwybod amdani. Ond mae'n debyg bod hynny'n ofynnol os ydi hi'n gorfod gwerthu *tennis bracelets* i bobol.

Mae'n estyn ei gerdyn heb sylwi ar y pris. Fel nad ydi o'n sylwi chwaith ar bris y pendant o ddeiamwntau mewn siâp deigryn ar gadwyn aur. Y cyfan a ŵyr ydi na all adael y siop hebddo. Gwna'r ferch tu ôl i'r cownter fwy o synau cymeradwyol, a smalio eiddigeddu at ei wraig, sy'n amlwg yn ddynes lwcus iawn. Ychwanega'n deimladwy fod deiamwntau am byth. Mae o'n sbio'n wirion arni, yn meddwl am ffilm James Bond ac yn clywed Shirley Bassey'n canu yn ei ben.

*Diamonds are forever.*

Ond nid i Miriam mae'r rhain.

Cyd-ddigwyddiad trwsgwl ydi fod pen-blwydd Audrey a phen-blwydd ei briodas o'n disgyn yn yr un mis. Ac mae o wastad wedi prynu anrheg iddi. Ceisia gyfiawnhau'r weithred flynyddol 'ma'r tro hwn drwy'i atgoffa'i hun fod anrheg Miriam yn ddrutach. Fel pe bai'r ffaith fod y freichled wedi rhoi mwy o glec i'w gerdyn credyd yn gwneud pethau'n iawn. Ond sut fedar pethau byth fod yn iawn?

Y garreg siâp deigryn yn y canol a wnaeth y penderfyniad drosto gynnau. Dim ond i Audrey y gall roi rhywbeth fel hyn. Onid oes siâp deigryn i'w gorffennol i gyd? Meddylia rŵan am yr affêr sydd wedi para blynyddoedd. Mae o'n casáu'r gair 'affêr'. Eu perthynas. Faint sydd ers iddyn nhw ailgydio yn y fflam a daniodd yn ei berfedd ers y diwrnod y gwelodd o hi: dydd ei briodas o a Miriam. Y cyfarfyddiad cyntaf. Bydd canlyniad rhyfeddol, chwerwfelys y cyfarfyddiad hwnnw hefo fo am byth a thu hwnt. Y gusan gyntaf honno a arweiniodd at newid eu bywydau nhw i gyd: fo, Audrey, Miriam. A Lwsi. Lwsi, ei ferch hynaf. Achos ei dor calon a'i orfoledd yr un pryd. Lwsi, nad ydi hi'n gwybod mai Audrey ydi'i mam fiolegol. Lwsi, canlyniad ei wendid yn cael y ffling gyntaf honno hefo Audrey, ond yr ateb i freuddwyd Miriam, a ofnai bryd hynny na fedrai hi byth gael plant. Mynnodd Audrey wrth Miriam na wyddai hi ddim pwy oedd y tad. Roedd gwrando arni'n glynu'n ufudd wrth y stori a luniodd yntau ar ei chyfer yn torri'i galon o, yn gwneud iddo deimlo'n rêl bastad. Rhyw Sais y tarodd hi arno ar wyliau hefo'r genod yn Morecambe, medda hi. Hen stori fach sordid oedd yn gwneud i Audrey edrych yn tsiêp. Doedd ei enw fo, na neb arall, ar y tystysgrif geni. Phoenodd hynny ddim ar Miriam. Cafodd ei dymuniad. Rhoddwyd babi iddi. A bedyddiodd Miriam hi'n Lwsi Rhodd. Ymhen amser, ganwyd Bel. Fel pe bai Miriam wedi ymlacio. Caniatáu i natur ei bendithio yn ei hamser ei hun.

Bel, y syrpréis.

A Lwsi fach. Y camgymeriad harddaf yn y byd.

Y camgymeriad harddaf wnaeth Hedd erioed.

# Lw

Roeddwn i wastad wedi meddwl y byddai mwy o siawns i mi ymweld â Chastell Draciwla na mynd i weld Arthur Plas ond yma rydw i, mewn cegin fechan yng nghefn y filfeddygfa. Wel, mae hi'n rhyw fath o gegin mewn ffordd ddefnyddiol, glinigol. Mae yma sinc a meicrowêf, a thegell yn berwi. Ogla coffi'n trio'i orau i fygu ogla anifeiliaid a blîtsh. Mae o'n sefyll â'i gefn ata i, yn sgwrio'i ddwylo yn y sinc. Dwi'n ceisio llacio'r tensiwn, yn cynnig rhoi dŵr berwedig dros y bagiau te. Yn sylweddoli nad ydw i wedi torri mwy na dau air hefo fo ers geni Rhun. Hyd yn oed cyn hynny, dwi ddim yn cofio i ni gael mwy na phum munud erioed o sgwrs ar ei hyd. Mae o'n fy nharo i'n sydyn nad ydw i ddim yn ei nabod o o gwbwl, ac yn sicr dwi ddim yn gwybod sut mae o'n cymryd ei banad.

"Llefrith. Dim siwgwr."

Rhyw delepathi cyntefig efallai. Neu, yn fwy tebygol, ymateb greddfol rhywun i sŵn llwy'n stwnsio ti bag. Wrth iddo droi i fy wynebu, dwi'n sylweddoli faint mae o wedi heneiddio. Ddylai hynny ddim bod yn gymaint o sioc. Mae ugain mlynedd yn newid pobol. Tan rŵan, dydw i ddim ond wedi'i weld o o bell. Dwi'n fy argyhoeddi fy hun fy mod i'n gwneud y peth iawn yn dod i'w weld. O leia mi fydda i wedi torri'r garw cyn y blydi parti 'ma.

Dydi o ddim yn rhoi unrhyw gynnig ar fân siarad. Mae'r te'n rhy boeth, ac mae o'n ei sipian fel pe bai pob cegiad yn rhoi loes iddo.

"Dwi'n gwybod pam dy fod ti yma, Lwsi."

Sicr. Dim hel dail. Fel dedfrydu Alsesion i bigiad iwthanesia. Dwi'n defnyddio'r esgus o drio ymdopi ag yfed y te poeth er mwyn dweud dim byd. Tawelwch chwithig ydi o, rhywbeth angen ei lenwi. Tu ôl i ddrws caeedig yn rhywle, mae yna gath yn mewian.

"Ti yma ynglŷn â'r hogyn."

Dyna fo eto. Y diffyg emosiwn ynddo, clinigol fatha'r stafell 'ma. Ynteu ai dim ond personoliaeth fel bwrdd smwddio sgynno fo? Wedi'r cyfan, wnes i ddim aros o gwmpas yn ddigon hir i weld sut foi oedd o go iawn, naddo? Dwi'n falch rŵan fy mod i wedi dilyn fy ngreddf bryd hynny. Mae'r ffordd y mae o'n cyfeirio at Rhun fel 'yr hogyn' yn fy oeri at fy enaid. Be' mae Bel yn ei weld yn hwn? Ar fy ngwaethaf dwi'n fy nheimlo fy hun yn cynhesu fwyfwy at Ifan McGuigan. Efallai fod hwnnw dipyn yn llywaeth ond mae gynno fo lygaid ffeindiach. Mae Arthur Plas yn llawn o'r traha hwnnw sy'n cyd-fynd â chael corff fel chwaraewr rygbi ond brên fel un o'r hamsters mae o'n eu gweld mor aml. Llawn traha. Llawn shit. Yr un peth ydi'r ddau.

"Sut gwyddost ti am Rhun?"

"Does dim isio i ti boeni. Cyn belled ag ydw i yn y cwestiwn, dy fab di ydi o. Dy fusnas di. Dwi'm angen y bagej."

Ei ffordd drwsgwl o, mae'n debyg, o fy nghysuro i nad ydi o isio creu unrhyw firi. Mae o wedi clywed y dôn amddiffynnol yn fy llais i. Ond fedra i ddim maddau iddo am y ffordd ddidaro mae o'n siarad hefo fi. Na, dydw innau ddim mo'i isio yntau ar gyfyl Rhun, ond mae o'n dal i frifo i'w glywed o'n cyfeirio ato fel tasa fo'n bentwr o ddillad mewn cês. Dydi o'n dal ddim wedi ateb fy nghwestiwn i. Dwi ddim yn ei ailofyn, dim ond gadael iddo ffrwtian rhyngon ni. Ymhen hir a hwyr mae o'n lluchio un gair – neu'n hytrach, un enw – i'r distawrwydd, fel lluchio papur peth-da.

"Llew."

Mae clywed Arthur yn dweud ei enw fo fel rhedeg pen fy mys ar hyd ôl craith.

"Llew?" Dwi angen ailadrodd ei enw fo. Ei llnau o'n lân. "Wyddwn i ddim eich bod chi'ch dau'n nabod eich gilydd."

"Pawb yn nabod Llew, doeddan? Y band a ballu. Ffêmys."

Mae yna dinc bron yn ddirmygus yn ei lais o. Sbeitio mae o, nid dangos ei edmygedd. Procio. Edrych a geith o ymateb. Ac mae hynny'n gweithio, reit siŵr. Mae fy mhigau i'n codi fel draenog dan warchae.

"Be' wnaeth Llew i ti erioed?"

Mae o'n ateb yn llyfn, yn araf, yn mesur ei eiriau:

"O, uffar o gymwynas, ddwedwn i. Mi aeth â'r baich i gyd oddi ar fy sgwyddau i, yn do? Chwarae teg iddo fo. Boi iawn." Eto i gyd, nid tysteb i 'foi iawn' mo hyn. Mae chwerwedd yn dew o dan ei lais o o hyd.

"Faswn i byth bythoedd wedi mynd ar dy ofyn di, dallta. Hyd yn oed pe na bawn i a Llew wedi dod at ein gilydd ..."

"Dod at eich gilydd? Ia, mae honna'n ffordd boléit o roi petha. Yn hytrach na'r gwir go iawn. Eich bod chi'ch dau'n shagio tu ôl i gefn yr hogan roedd o newydd engêjio efo hi, a chditha wedyn yn mynd ôl owt i'w ddwyn o oddi arni. Difetha'i bywyd hi. Gwneud sôn amdanoch chi'ch hunain. Y wanabi roc star a'r bitsh hunanol. Achos dyna be' oeddat ti. Ac mi ddylwn i wybod ..."

Dwi'm yn medru fy atal fy hun rhag lluchio fy mhanad i'w wyneb o, ond dwi'n diolch i dduw bod y te wedi dechrau oeri, neu mi fyddai Arthur yn yr Uned Ddamweiniau'n dioddef o losgiadau erchyll, a minnau dan glo am achosi niwed corfforol difrifol. Fel mae hi, yr unig beth gafodd niwed ydi tu blaen ei grys o. Dwi'n rhewi, disgwyl y danchwa, ond yn lle hynny mae o'n estyn am y cadach sychu llestri oddi ar ymyl y sinc er mwyn rhwbio'i wyneb. Ac yna, yn hollol annisgwyl, eistedda i lawr drachefn ar y stôl gyferbyn â mi, a gwenu'n gam. Er na chyrhaedda'r wên mo'i lygaid o, mae hi'n wên serch hynny. Yn dod â ni yn ein holau i dir gwastad. Mae o hyd yn oed yn llwyddo i wneud iddo'i hun edrych yn euog.

"Mi ofynnais i am honna."

"Na, na ... sori ... fi ddyla ymddiheuro ..." Er mai chdi oedd y bastad. "Mi dynna i'r crys 'na trwy'r golch i ti ..."

"Na, ma' hi'n ocê. Beth bynnag, dwi'n meddwl y basa gin Bel rywbeth i'w ddweud am y ffaith dy fod ti'n dechra golchi 'nghrysa fi."

Mae hi'n jôc bathetig ond yn ymdrech i dawelu'r dyfroedd, felly dwi'n ymateb hefo un lawn cyn saled:

"Mond y crys yna roeddwn i'n cynnig ei wneud, cyn i ti ecseitio gormod."

Dydi o'n dweud dim, ond dydi o ddim yn brathu'n ôl chwaith. Mae hwn yn gadoediad, o fath, ac rydan ni'n dau'n falch ohono. Nid dod yma i gwffio wnes i, ond i wneud y peth iawn. I Rhun. I Bel. I Arthur, hyd yn oed. Mae newyddion Ifan McGuigan wedi chwalu fy mhen i. Fy ngorfodi i wynebu'r gyfrinach rydw i bellach yn ei hysgwyddo heb Llew. Cyfrinach sy'n bygwth ffrwydro yn fy wyneb i. A dwi ofn. Ofn y cyfarfyddiad cyntaf rhwng Arthur a Rhun, a fydd yn sicr o ddigwydd yn y parti diawl 'ma, ac yn sicrach fyth o ddigwydd rŵan bod Arthur a Bel wedi dechrau canlyn o ddifri. Dwi isio'i rybuddio fo cyn iddo'i weld ei hun yn ei fab. Ond mae o'n gwybod yn barod. A dyna dwi ddim yn ei ddeall.

"Dwi ddim yn gallu credu y byddai Llew yn dweud wrthat ti. Llew, o bawb? Fasa fo byth …"

"Ddaru o ddim."

"Ond ti newydd ddweud …"

"Fi aeth ato fo. Dweud fy mod i'n gwybod y cyfan."

"Ond sut … fedret ti ddim bod yn gwybod …"

Mae o'n codi ac yn ail-lenwi'r tegell.

"Dwi'n meddwl ein bod ni angen panad ffresh. Hynny ydi, os ti'n addo peidio lluchio hon i 'ngwyneb i hefyd!"

Ymddengys erbyn hyn mai lluchio panad o de am ei ben o ydi'r peth callaf dwi wedi'i wneud ers sbel. Mae yna ddealltwriaeth fregus rhyngon ni rŵan, ein gêm bêl-droed fach ni ein hunain ar dir neb o deils gwynion ac ogla antiseptig a chath glwyfus rhywun arall yn mewian o bell. A dydi hi ddim hyd yn oed yn Ddolig. Mae o'n agor pacad o tsiocled ffingyrs nad ydi'r un ohonon ni'n eu twtsiad, ac yn dechrau egluro. Dwi'n gwylio'r staen te sy'r un siâp â Sir Fôn yn sychu'n fratiog ar draws ei frest o.

"Mi ôn i'n dy ffansïo di'n uffernol, sti, Lw." Mae hyn yn fy nhaflu oddi ar fy echel yn fwy na'r tsiocled ffingyrs. "Pan roist ti'r brysh-off i mi ar ôl – wel, ar ôl y noson honno ..."

Efallai fod y ffaith fy mod i'n edrych arno â cheg pysgodyn aur yn cyfleu mwy na geiriau, oherwydd ei fod o'n gadael y frawddeg ola i hofran a disgyn fel barcud heb gynffon. Mae drws trwm yn clepian cau yn rhywle yn ein hymyl, yn dod â fi at fy nghoed.

"Wnes i ddim sylweddoli ... mae'n ddrwg gen i ..."

Wir? Wir yr? A oes raid i mi ymddiheuro am rywbeth ddigwyddodd dros ugain mlynedd yn ôl pan oedden ni'n dau'n ifanc a gwirion a'r un mor fyrbwyll â'n gilydd? Un noson feddw a ninnau'n bobol wahanol, yn byw bywydau gwahanol? Ond efallai dylwn i ddweud sori hefyd, o ystyried canlyniad y noson honno. Mae o'n dad ers ugain mlynedd i rywun nad ydi o erioed wedi cael ei gyfarfod. Dwi'n cael proc o gywilydd am y tro cynta am na wnes i ddim hyd yn oed ystyried y dylwn i fod yn teimlo'n euog am beidio dweud wrtho am Rhun. Roeddwn i'n rong. Roedd Llew yn rong i fy swcro i a rŵan dim ond fi sydd ar ôl i dalu'r pris drostan ni'n dau. Dros Arthur. Ac yn waeth nag unrhyw beth, dros Rhun. Mae anferthedd hyn i gyd yn fy llethu'n sydyn, a dwi dan warchae rhag storm fy nagrau poethion fy hun.

"Nid Llew ddaru dy fradychu di, Lw, ond chdi dy hun."

Dwi'n trio clirio'r niwl poeth sy'n bygwth fy nallu efo llawes fy siwmper, yn teimlo'n saith oed ac yn gresynu nad ydw i.

"Be' ti'n feddwl, fy mradychu fy hun?"

"Pan brynaist ti'r prawf beichiogrwydd. Be' sy'n fwy amlwg na hynny? Mi oeddwn i'n gwneud cyfnod o brofiad gwaith yn y fferyllfa ar y pryd, cyn i mi benderfynu go iawn ar gwrs milfeddygaeth. Cysgodi'r fferyllydd yn y cefn. Fasat ti ddim wedi sylwi arna i. Ac mi wnes i'r syms. Dim ond dyddiau oedd wedi mynd heibio ers noson y parti. A doeddet ti ddim hefo Llew bryd hynny chwaith."

Mae o'n fy nharo i'n sydyn faint o ddiddordeb roedd Arthur wedi'i gymryd yn fy symudiadau i'r adeg honno, a dwi'n diolch yn ddistaw na wyddwn i ddim gymaint oedd ei obsesiwn amdana i. Dwi'n cael fy sgubo i rywle ar gerrynt yr holl atgofion ac yn cael trafferth anadlu: panic ar ôl sylweddoli fy mod i wedi cael rhyw meddw hefo bachgen nad oeddwn i ddim ond yn ei adnabod o bell cyn hynny, a hwnnw'n rhyw anghyfrifol, blêr; poen ar ôl derbyn y gallwn fod yn feichiog; cywilydd wrth orfod mynd i brynu prawf beichiogrwydd dros y cownter, rhywbeth cymhleth, dychrynllyd a chanddo'r grym i newid popeth yn fy mywyd. Yr oedi wedyn, ac ofn edrych arno, y peth diarth, gwyddonol 'ma a oedd yn ddychryn mewn bocs, heb sôn am ei ddefnyddio. Ac yna, daeth Llew i fy mywyd i a'i droi o ben ucha'n isaf – dewin mewn hen gôt ledar a ddigwyddodd glustfeinio ar fy sgwrs mewn siop gitârs. Fe'n cariwyd ni'n dau ar don a barodd i ni lanio yn rhywle rhyfeddol lle nad oedd neb arall yn bod heblaw amdanon ni. Mae cariad fel'na mor hunanol, yn ynysu rhywun. Dwyt ti ddim yn ei weld o ar y pryd, ddim yn gweld pa mor anghyfrifol y gall peth felly fod hefyd, er mor hardd ydi o. Ac fel pob gweithred anghyfrifol, mae yna ganlyniadau.

"Wyddwn i ddim dy fod ti'n teimlo felly, Arthur." Mae fy llais i'n bell, rhyw wich trwy welltyn, desbret fatha mewian y gath 'ma.

"Ond mi wyddai Llew."

"Be'?"

"Mi ddoth i chwilio amdana i. Fy nghyhuddo i o fod yn stelciwr. Rhybuddiodd fi i gadw'n glir oddi wrthat ti."

"Dy fygwth di. Fasa Llew byth yn gwneud hynny ..."

Ond hyd yn oed wrth i mi lefaru'r geiriau, dwi'n gwybod nad ydyn nhw'n wir. Wrth gwrs y basa fo wedi bygwth unrhyw un a fyddai'n debyg o roi loes i mi. Gwyddai fy mod i'n swp sâl yn poeni y byddai Arthur Plas yn dod i wybod am fy meichiogrwydd. Roedd o'n fy amddiffyn i, yn doedd? Gwneud yr hyn roeddwn i'i isio. Edrych ar fy ôl. Cadw'r byd a'i boenau draw. Dyna a wnaeth o erioed.

"Fo oedd yn iawn, Lw. Roeddwn i'n obsésd. Crysh oedd yn dechrau mynd allan o reolaeth. A phan fentrais i luchio'r ffaith fy mod i'n gwybod – er mai dim ond amau'r oeddwn i go iawn – dy fod ti'n disgwyl fy mhlentyn i i'w wyneb o, roedd ei ymateb o'n ddigon." Mentra wên a allai fod bron yn ddireidus o dan amgylchiadau gwahanol. "Mi oedd gynno fo uffar o lefft hwc!"

"Be'? Wnaeth o dy hitio di?"

"Efallai mai cnocio dipyn o sens i 'mhen i wnaeth o hefo'r slap honno, sti. Mi ôn i'n un gwirion bryd hynny. Ac efallai mai i Llew dylwn i ddiolch fy mod i wedi cael gyrfa cystal erbyn hyn."

"Dwi'm yn dallt."

"Mi wnes i rywbeth dwl uffernol tra roeddwn i yn y fferyllfa." Mae o'n osgoi fy llygaid i, a fi ydi'r un sy'n mygu ochenaid. Dwi'n gwybod bod gan Llew fwy o ran eto yn y stori, ac mae gen i ofn yr holl wirionedd 'ma, yr holl blydi gonestrwydd sy'n cropian allan oddi tan bob dim fel pryfed bach yn pigo.

"Be', Arthur? Be' wnest ti?" Pigo pigo cosi crafu. Dywed, Arthur Plas. Blydi wel dywed o.

"Roeddwn i yn y lle perffaith, yn doeddwn, i gael gafael ar dabledi …"

"Cyffuria?"

"Roedd boi a oedd yn un o'r bandiau ar y syrcut hefo'r Deunaw wedi dweud wrth Llew fy mod i wedi cyflenwi amffetaminau iddo fo …"

"Grist o'r nef, Arthur!"

"Ia, dwi'n gwybod. Fel dywedais i, ifanc a gwirion ac isio dangos fy mod i'n cŵl."

Mae ganddo ddigon o ras i wrido rhyw fymryn. Dyn yn ei oed a'i amser fel hogyn ysgol yn cyfaddef ei gamweddau. Dwi'n teimlo pigyn o ddicter tuag ato. Ac at Llew hefyd, am gadw hyn i gyd oddi wrtha i'r holl flynyddoedd 'ma. I feddwl mai Arthur Plas, o bawb, ydi'r un i ddechrau fy argyhoeddi nad oeddwn i'n nabod Llew cystal ag yr oeddwn i'n ei feddwl wedi'r cyfan, ac mae hynny'n brifo mwy am nad ydi o yma i mi fedru'i holi o. I mi fedru gwylltio hefo fo. Mae fy llais i'n gryfach rŵan oherwydd fy mod i mor flin hefo fo, hefo Llew. Hefo pawb yn y blydi byd.

"Be' tasat ti wedi cael dy ddal, y diawl gwirion?"

"Mi stopiais i. Llew stopiodd fi. Ar yr amod ei fod o'n cael rhywbeth allan ohoni, wrth gwrs."

"Na! Dim cyffuria! Plis Dduw, paid â dweud bod Llew …"

"Naci, siŵr dduw. Callia, Lw. Ti'n gwybod na fasa fo'n mela hefo stwff felly."

"Ydw i, Arthur? Go iawn? Mae'n ymddangos rŵan

132

nad oeddwn i'n nabod fy ngŵr fy hun cystal ag oeddwn i'n ei feddwl."

"Y peth cryfa ddaru Llew Deunaw erioed oedd sbliff, Lw. A hynny ddim ond pan oedd o ar y sin. Pawb wrthi, doeddan? Dipyn o wid. Ond doedd o'm yn un o'r rheiny oedd yn mynd am y stwff calad. Dyna pam ddaru o ffrîcio pan glywodd o be' roeddwn i'n ei wneud. Dweud os na faswn i'n cadw'n ddigon pell oddi wrthat ti, mi fasa'n fy rhoi fi yn y shit go iawn. Awdurdodau, heddlu. Y brifysgol. Mi fasa fy nyfodol i i gyd wedi mynd i lawr y peips. Mi wnaeth gymwynas â fi, wrth sbio'n ôl. A pha hogyn ifanc yn fy sefyllfa i fasa isio cadw hogan hefo babi eniwe?"

Gan mai fi oedd 'yr hogan hefo'r babi', mae honna'n brifo, er mor falch ydw i na ddaeth Arthur ar fy nghyfyl i na Rhun byth wedyn. Mae fy nicter i tuag at Llew'n dechrau llonyddu, yn colli'i frath fel hen lemonêd. Fo ydi fy arwr i, wedi'i adfer unwaith yn rhagor. Does fiw i mi feddwl am hynny rŵan, neu mi fydda i'n crio eto, a dwi'n llanast fel mae hi, fy wyneb i'n boeth a fy llygaid i'n boethach. Mi leciwn i pe bawn i'n medru'u tynnu nhw, fel llgada tsieina, a'u dal nhw dan y tap dŵr oer 'na. Dwi'n cofio'r adeg honno rŵan, cofio Arthur Plas yn mynd i Gaeredin i'r coleg. Y lle pellaf bosib, meddai pawb yr adeg honno. Pum mlynedd o gwrs. Nes daeth o adra'n ôl o fanno a dechrau canlyn Bel. Pharodd hynny ddim yn hir, nid ar ôl iddo gael cynnig mynd i weithio i Awstralia. Mi dorrodd Bel ei chalon.

"Paid â dweud wrtha i fod gan Llew rywbeth i'w wneud â'r ffaith dy fod ti wedi mynd i Awstralia hefyd?" Mae gen i ofn pwyso arno, ond mae'n rhaid i mi gael gwybod. Os oedd Llew wedi bod yn gyfrifol am i Arthur fynd i Gaeredin y tro cyntaf hwnnw, does bosib y byddai'n hapus iawn i'w weld yn dychwelyd. Yn enwedig ag yntau wedi dechrau mynd allan hefo fy chwaer. Roedd o'n rhy agos, yn doedd? Yn rhy beryglus. Ac yn yr eiliad honno, mi wyddwn yn syth. Bel druan.

"Mi gafodd Bel gynnig dod hefo fi, Lw. Ei dewis hi oedd peidio." Fel pe bai o newydd ddarllen fy meddwl i.

"Pa gysylltiadau oedd gan Llew ag Awstralia, 'ta? Blydi hel, Arthur!"

"Siôn Biriyani, 'de? Ei gyfnither o wedi mudo yno flynyddoedd yn ôl. Gweithio fel nyrs mewn practis milfeddygon yn Sydney. Mi ddaeth yn ôl i Gymru hefo'i gŵr i briodas rhywun ac mi arhoson nhw draw yma am fis o wyliau. Mi drefnodd Siôn i mi'i chyfarfod hi. I sôn am waith ac ati."

"Mi drefnodd Siôn?"

Ac fel dwi'n holi, mae'r darnau'n disgyn i'w lle. Llew a ofynnodd i Siôn ddod â nhw at ei gilydd. Plannu'r hedyn. O, Llew, pam na faset ti wedi ymddiried ynddo i? Daw'r ateb i mi'n syth bìn cyn i mi orffen y sgwrs dwi'n ei chael hefo fo yn fy mhen: Bel. Pe gwyddwn i beth oedd ei gynlluniau, mi faswn i wedi rhoi stop ar bethau oherwydd Bel. Rhag i Bel gael ei brifo.

"Paid â mynd i bendroni dros orffennol na fedri di mo'i newid, Lw. Bob dim yn digwydd am reswm, sti."

Mae'r doethinebu annisgwyl 'ma ar ei ran yn mynd â'r gwynt o fy hwyliau. Does yna ddim chwerwedd. Ymarferol ydi o, athronyddol efallai, ond nid diemosiwn. Dydi o mo'r coc oen ansensitif roeddwn i'n ei feddwl oedd o wedi'r cyfan.

"Be' am y dyfodol, 'ta? Wyt ti a Bel yn mynd i roi cynnig go iawn ar bethau rŵan dy fod ti'n ôl?"

Ac wyt ti am gau dy geg yr un mor dynn rŵan nad ydi Llew ddim o gwmpas i dy atal di? Dyna dwi isio'i ychwanegu. Dyna mae arna i ofn ei ofyn yn fwy na dim.

"Fedri di gadw cyfrinach?" Dwi'm yn siŵr ydw i'n lecio'r fflach yn ei lygaid o.

"Wneith un arall fawr o wahaniaeth, ma' siŵr gen i." Rhyfedd sut mae sylw gan ddynes sy'n teimlo mor ddiawledig o diprésd yn medru swnio mor smala.

"Dwi'n mynd i ofyn i Bel fy mhriodi i. Noson y parti."

Wnes i ddim cweit gweld hyn yn dod, mae'n rhaid i mi gyfaddef. Ddim yn goc oen? Dwi'n newid fy meddwl yn ôl ar ei gownt o'r un mor sydyn ag y penderfynais i ei fod o'n hen foi iawn tua phum eiliad yn gynharach. Fedra i ddim dal yn ôl rhag rhoi siot o wenwyn iddo'n gyflymach nag y gall yntau saethu dart i foch tin tarw Welsh Blac.

"Wel, mi rwyt ti wedi amseru pethau'n berffaith, ddywedwn i. Chware teg i Llew'n marw fel gwnaeth o, a gwneud popeth mor gyfleus i ti, 'de!"

Dwi'n difaru o'r munud dwi'n ynganu'r geiriau. Teimlo'r dagrau poethion yn pigo eto. Shit shit shit. Hormons. Stres. Hiraeth. Galar. Blinder. A bywyd. Blydi blydi bywyd.

"O, Lw. Dydan ni mo'r un bobol erbyn hyn. Chdi. Fi. Llew, tasa fo'n dal yma. Mae'r gyfrinach yn saff hefo fi. Dwyt ti ddim yn meddwl y baswn i wedi dweud rhywbeth bellach pe bawn i wir yn dymuno gwneud hynny? Ond dydw i ddim. Wna i ddim, Lw. Er dy fwyn di, a Rhun a Bel. Ac ia, er fy mwyn fy hun

135

hefyd. Doedd dim rhaid i mi adael i Llew fy hel i o
'ma. Ddim go iawn. Y gwir oedd nad oeddwn i'n barod
i fod yn dad i neb. Llew oedd tad y bychan o'r dechrau,
Lw. Ydi'i dad o. Fydd ei dad o. Fo oedd yna. Pa les
wneith hi i neb i droi bywydau pobol ben ucha'n isa
rŵan ar ôl yr holl flynyddoedd? Angen i bawb symud
ymlaen bellach, yn does?"

"Mae gin Rhun hawl i gael gwybod, yn does, pwy
ydi'i dad o?"

"Mae o'n gwybod mai Llew oedd ei dad o."

"Ti'n gwybod be' dwi'n feddwl."

"Ydw. Ond mae yna fwy na bioleg mewn rhieni go
iawn, cofia." Mae o'n estyn am fy llaw i ac mae'i lais
o'n reit dyner, chwarae teg iddo fo. Fydd hi ddim yn
amhosib i mi newid fy meddwl yn ôl amdano fo,
debyg. "Gwranda. Dy benderfyniad di ydi a wyt ti'n
mynd i ddweud wrth Rhun neu beidio. Chdi'n unig.
Cheith o, na neb arall, wybod dim gen i."

Dydw i ddim yn fy neall fy hun. Dwi wedi cael
dadlwytho fy nghyfrinach, wedi cael addewid na
ddywedith Arthur wrth neb. Roeddwn i'n meddwl y
baswn i'n teimlo'n well, ond dydw i ddim. O achos bod
y cyfan arna i rŵan, yn dydi? Dwi'n dal i gario'r baich
i gyd. Does yna ddim byd wedi newid go iawn, dim
ond fy mod i, a fy mhlant, yn mynd i weld mwy ar
Arthur Plas nag erioed. Popeth yn digwydd am
reswm, ia? Beth ydi'r rheswm am hyn i gyd felly 'ta,
heblaw am wneud yn siŵr y bydda i'n gwneud penyd
am un noson fyrbwyll hyd at ddiwedd fy oes?

Mae'r awyr iach yn fy nharo wrth i mi ddod allan
o'r filfeddygfa, yn oerach ond glanach na'r antiseptig
a'r blîtsh oedd yn chwipio drwy fy ffroenau eiliadau
ynghynt. Fedra i ddim penderfynu a ydw i wedi

gwastraffu pnawn ai peidio. Hen ddiwrnod fflat ydi hi, cymylau isel 'run lliw â chadach llestri wedi gwrthod cymryd ei olchi'n lân; lliw hunandosturi. Gafael ynddi, Lw, wir dduw. Rho sgwd i ti dy hun.

Mewn byd perffaith, mi faswn i'n troi at yr unig un oedd yn gwneud popeth yn iawn. Mi faswn i'n mynd i siarad hefo Llew. Dydi hynny ddim wedi newid chwaith. Dwi'n penderfynu gwneud hynny rŵan hyn. Prynu blodau. Llond fy hafflau o bob mathau o flodau a'u tywallt yn gawod drosto fo. Dyna'r unig beth fedra i ei wneud iddo bellach. Dydw i ddim yn ddall i eironi'r sefyllfa, bod y penderfyniad o fynd i'r fynwent hefo blodau wedi codi rhywfaint ar fy nghalon i. Cyn pen dim, dwi yn f'ôl yn y stryd fawr, yn gwario ffortiwn yn yr un siop flodau y gwelais i Arthur yn ei gadael yn ddiweddar, hefo llond ei hafflau yntau o flodau i Bel. Dwi'n eu pentyrru nhw, tusw ar ben tusw, heb egluro lle dwi'n mynd â nhw. Maen nhw'n llenwi'r bŵt, llond cist o lawenydd mewn seloffên, a dwi'n mynd â'r cyfan i'w rannu hefo Llew.

Mae'n rhaid i mi alw heibio'r tŷ ar fy ffordd i nôl poteli dŵr, siswrn i dorri coesau'r blodau, cadach tamp i sychu baw adar oddi ar y garreg fedd. O feddwl bod hon yn orchwyl â'r fath dristwch ynghlwm wrthi, mae hi hefyd yn rhoi pwrpas i mi, fel plannu bylbiau neu addurno rhywle'n dlws. Fel dwi'n troi i mewn i'r dreif, mae golau coch yn ymddangos ar y dash. Lwcus, dyna fasa rhai pobol yn ei ddweud. Wel, pawb, a dweud y gwir, gan gynnwys Llew. Lwcus dy fod di wedi cyrraedd adra cyn i rywbeth fynd o'i le ar y car. Dwi'n ffonio Elis Garej. Ddo i draw ben bora. Swnio fatha bod ffiws 'di chwthu'n rwla. Fel'na maen nhw, ceir heddiw. Ffiwsys yn rheoli bob dim. Fedra i'm deud heb ei weld o. Ond lwcus, cofia. Dy fod di wedi cyrraedd adra.

Mae'r tŷ'n wag. Gruff i ffwrdd hefo trip ysgol. Rhun mewn gìg yn Aber. Neb yma ond y fi. A'r bocsys o Gavi sy'n dal heb eu casglu. Yn dal i feddiannu hanner bwrdd y gegin. Wel, fedra i ddim dreifio i nunlla rŵan, na fedra? Dwi'n fy helpu fy hun i un botel. Sod it. Mi yfa i fy siâr i heno, yn lle ar noson y parti. Hynny'n ddigon teg, dydi? Sgriw top hefyd. Handi. Biti nad ydi o cweit yn ddigon oer i fod yn berffaith. Ond dwi wedi dysgu byw hefo llai na pherffaith ers amser maith.

Dwi hanner ffordd drwy'r botel cyn i mi ddarllen y label ar y Gavi. Gwin sy'n cymryd ei amser cyn datgelu'i gyfrinach, yn ôl y broliant. Swnio'n gyfarwydd. Fedra innau uniaethu hefo hynny. Ogla blodau i fod ar hwn hefyd. Fel yr ogla sy'n cael ei fygu yng nghist y car. Farwan nhw ddim, nid dros nos. Mae hi'n ddigon oer. Fyddan nhw ddim wedi'u difetha'n llwyr. Jyst rhyw fymryn yn fwy blinedig nag yr oedden nhw'n dod o'r siop.

Llai na pherffaith.

# Miriam

Tasa Hedd yn gwybod fy mod i wrthi'n tyllu yng ngwaelod ei wardrob o, ac wedi cael hyd i fy anrhegion, mi fasa o'i go'. Yn dweud fy mod i cyn waethed pob tamaid â'r genod 'ma ers talwm pan oedden nhw'n fengach, yn crwydro'r tŷ'n chwilio am eu presantau Dolig. Nid bod yr un o'r ddwy wedi cael ffrae ganddo erioed am wneud hynny, nac am unrhyw beth arall. Mae o wedi'u difetha nhw'n racs tra'i fod o'n gadael i mi wisgo fy het gwrach pan oedd angen rhoi troed i lawr ynglŷn ag unrhyw beth.

Nid fy mod i'n chwilio'n fwriadol trwy'i betha fo. Dydi hynny ddim yn rhywbeth dwi wedi'i wneud erioed, yn bennaf oherwydd y byddai gen i ofn cael hyd i gliwiau am ei anffyddlondebau ar hyd y blynyddoedd. Roedd peidio gwybod yn llawer haws. Hedd sydd newydd sôn neithiwr ei fod o'n methu cael hyd i bâr o'i hoff gyfflincs, ac mi rydw innau'n manteisio ar y cyfle i wneud mymryn o dacluso wrth esgus chwilio amdanyn nhw. Dwi'n gwybod bod yr holl sôn am y parti'n mynd ar ei frêns o, ond mae o'n trio gwneud mwy o ymdrech yn ystod y dyddiau diwethaf, pe bai hynny ddim ond er mwyn plesio'r genod. Mi ddywedodd rywbeth am wisgo'r cyfflincs 'ma roddodd Lw iddo fo dro byd yn ôl ar ryw ben-blwydd neu'i gilydd. Dyna pam maen nhw'n golygu cymaint iddo. Ac mae yna gerrig bach gleision ynddyn nhw. Addas ar gyfer yr achlysur, medda fo. Mae o'n trio, o leiaf. Yn sylweddoli cymaint o hen surbwch mae o wedi bod yn ddiweddar, efallai.

Dwi'n cael hyd i'r cyfflincs ymhen hir a hwyr. Roedd o wedi cadw'r bocs ym mhoced un o'i siacedi er mwyn eu cadw'n saff, ac wedi anghofio wedyn lle'r oedd o wedi'u cuddio nhw. Meddyliaf yn sydyn tybed beth arall mae o wedi'i gelcio ym mhocedi gwahanol gotiau er mwyn ei ddiogelu, cyn anghofio amdano'n syth bìn ar ôl iddo geisio bod mor ofalus. Y cyfan dwi'n ei wneud, wrth gwrs, ydi difetha fy syrpréis fy hun. Daw dagrau i fy llwnc pan dwi'n agor y bocs melfedaidd a gweld y freichled o gerrig saffir, yn las a thlws a llonydd fel llinyn hir o llgada dol. Mae yna bwl o euogrwydd yn dod drosta i. Dydw i ddim wedi prynu anrheg i Hedd, a hithau'n ddau ddiwrnod tan y parti pen-blwydd priodas. Nid nad ydw i wedi bod yn ystyried y peth. Ond mae hi wastad yn haws prynu rhywbeth i ddynas, yn dydi?

Lw awgrymodd fy mod i'n bwcio penwythnos i ni. Brêc bach chwaethus mewn gwesty gwledig hefo sêr Michelin i'w enw. Rhywle *classy* hefo bwyd da a gwin drud. Cwrs golff i Hedd a sba i mi. Mae hi'n feddylgar fel'na. Yn debyg i Audrey, i mi gael bod yn deg â honno am unwaith. Mae o'n brifo weithiau, medru gweld Audrey ynddi. Anodd tynnu dyn oddi ar ei dylwyth, meddan nhw. Ac maen nhw'n iawn. Wel, ambell waith. Does yna ddim o fyrbwylltra Audrey'n perthyn i Lw. Bel sydd felly. Gallasai rhywun daeru mai honno ydi merch fiolegol Audrey, ac nid Lwsi.

Mae hi wedi bod yn rhyfeddol o hawdd dewis

anghofio'r gwir ynglŷn â genedigaeth fy merch hynaf.
Daliais Lw yn fy mreichiau cyn iddi fod yn ddiwrnod
oed. Fi magodd hi. Fy mhlentyn i ydi hi. Does yna
ddim blewyn o wahaniaeth rhwng fy nheimladau
tuag ati hi a fy nheimladau tuag at Bel. Mae'r ddwy
mor wahanol, ond yr un mor arbennig. Lw ydi fy
angor i, a Bel ydi'r sbarc: mae Lw'n debycach i fachlud
bardd, tra bod Bel yn ddathliad o dân gwyllt.
Y ddeubeth yr un mor orfoleddus. Yr un mor hardd.

Er na fuon ni erioed yn agos fel chwiorydd
oherwydd ein hamgylchiadau, mae fy nyled i
Audrey'n fwy nag y medra i ei fesur. Mi feddyliais ei
bod hi ar ben ar Hedd a fi i gael plant reit o'r dechrau.
Trio a thrio a deisyfu a gobeithio, a phob mis yn dod
â'r un siom i'w ganlyn, yr un gwacter. Yr un tensiwn
i'n priodas ni. Wedyn daeth Audrey ata i, ei
chyfrinach yn welw hyd ei gruddiau hi. Roedd hi
wedi mynd i ddisgwyl babi'n hollol annisgwyl a
damweiniol. Rhywun y bu iddi daro arno ar ei
gwyliau. Meddai hi. Wnes i erioed cweit credu stori'r
boi Morecambe hwnnw. Doedd yr holl beth ddim yn
swnio'n rhywbeth a fyddai'n digwydd i Audrey. Roedd
yn haws gen i feddwl mai rhyw ddyn priod yr oedd hi
wedi gwirioni'i phen amdano oedd tad y babi. Ond
gwyddwn yn well na phwyso arni. Syniad Hedd oedd
i ni'n dau fabwysiadu'i phlentyn hi. Roedd o'n daer ar
y pryd. Yr ateb perffaith i ni i gyd, medda fo. Y fi oedd
yn gyndyn, er cymaint roedd arna i isio babi.
Cymrodd oes iddo fy mherswadio. Efallai am mai fi
oedd yr un a ragwelai anawsterau. Cymhlethdodau.
Fi oedd ofn i Audrey fod isio'i phlentyn yn ôl. Felly fi
bennodd yr amodau. Roedd yn rhaid i Audrey gytuno
i gadw'i phellter, bodloni ar fod yn fodryb ddiarth o

bell. Gwyddwn y byddai'n artaith iddi pe bai hi'n aros o gwmpas i wylio'r fechan yn galw 'Mam' ar ei chwaer ei hun. Ond gwyddwn hefyd faint o rwyg oedd o iddi ollwng ei gafael ar ei phlentyn, unwaith y cafodd Lw ei geni. Roedd popeth yn syniad gwych ar bapur, yn doedd? Doedd y babi ddim yn fod bach dynol bryd hynny, dim ond yn broblem a oedd angen ei datrys, a hynny ar frys. Mater arall oedd hi ar ôl gweld y ffordd yr oedd Audrey wedi dal y ferch fach 'ma yn ei breichiau fel pe bai hi'r peth mwyaf bregus a gwerthfawr a welodd hi erioed.

Dwi'n cofio cael pang o genfigen pan welais i mor dyner yr edrychodd Audrey ar ei phlentyn, cenfigen ac ofn gwirioneddol iddi newid ei meddwl. Fy chwaer i fy hun oedd hon, yn mynd drwy'i huffern ei hun, ac mae gen i gywilydd cyfaddef mai'r cyfan y gallwn i feddwl amdano ar y pryd oedd fy angen noeth fy hun.

Y syndod mwyaf i mi oedd sylweddoli faint a olygai'r fechan fach newydd 'ma i Hedd. Fi oedd yr un a oedd yn desbret am fabi. Ond roedd o wedi gwirioni'i ben, rhywbeth eitha anghyffredin iddo fo. Dim ond unwaith wedyn y gwelais i olwg felly ar ei wyneb o, ac roedd hynny pan anwyd Bel, ein syrpréis ni, y plentyn naturiol na freuddwydion ni erioed y bydden ni'n ei chenhedlu. Dwi'n cofio hefyd hyd heddiw y cipolwg sydyn a daflodd Hedd i gyfeiriad Audrey pan roddodd hi Lwsi yn ei freichiau. Rhywbeth rhwng rhyfeddod a gwerthfawrogiad, a hynny'n gymysg â rhyw emosiwn arall na fedrwn i ddim cweit mo'i ddarllen. Pe na bawn i'n gwybod yn well, mi faswn i wedi taeru mai cariad oedd o. Ac efallai'n wir mai cariad oedd o, y math puraf o gariad at chwaer-yng-nghyfraith a oedd wedi rhoi plentyn iddo fo a'i wraig. Y rhodd eithaf.

Does dim dwywaith mai Lwsi Rhodd a achubodd ein priodas ni. Ein cadw ni'n gynnes nes daeth Bel. Dim ond wedyn y newidiodd pethau rhyngon ni, yn raddol bach, yn arafach na llefrith yn croeni. Ddywedon ni erioed wrth Lwsi ei bod hi wedi cael ei mabwysiadu. Ddywedon ni ddim wrth neb arall chwaith. Welson ni erioed mo'r angen. Felly roedd y rhan fwyaf o deuluoedd yn trin cyfrinachau o'u bath bryd hynny, eu hanwybyddu a'u claddu nes eu bod nhw'n peidio â bod, nes bod y celwydd yr oedden nhw'n ei ddweud wrthyn nhw'u hunain yn well gwir na'r gwirionedd ei hun.

A dyna a wnaethon ninnau. Credu'r celwydd nes iddo droi'n wir. Does dim troi'n ôl wedyn. Ac mi chwaraeodd Audrey ei rhan, chwarae teg iddi. Heb ei pharodrwydd hi i gadw'n dawel, cadw draw hyd yn oed, fasai pethau ddim wedi bod yn bosib. Ddim wedi bod mor rhwydd. Fedra i ddim gwadu nad oeddwn i'n teimlo'n euog, yn manteisio ar fy chwaer yn ei gwendid, ond llwyddais i adael i Hedd ein hargyhoeddi ni'n dwy ein bod ni'n gwneud y peth iawn. Wedi'r cyfan, sut byddai Audrey wedi ymdopi? Dim cymorth ariannol, tad y plentyn ddim o gwmpas i fod yn gefn iddi. Roedd hi'n mynd i gael ei rhyddid yn ôl, yn doedd? Yn ogystal â chael y rhieni mwyaf gofalus, mwyaf cariadus posib i'w merch, cwpwl di-blant – a than hynny'n ddiobaith – a oedd yn deisyfu am ddechrau teulu'n fwy na dim arall. Dwi'n cofio dweud, er mwyn fy argyhoeddi fy hun yn fwy na neb arall:

"Dydi hi ddim hyd yn oed fel pe baen ni'n

ddieithriaid, nac'dan, Aud? Rydan ni'n deulu go iawn iddi."

Sylwais fod gan Hedd ddagrau yn ei lygaid pan wnes i'r sylw hwnnw. Dwi ddim yn credu i mi'i weld o cyn ddwysed â hynny erioed.

Ydi, mae Hedd yn un da, fel arfer, am guddio'i deimladau. Dydi o erioed wedi bod yn fawr o siaradwr chwaith, ar y pen hwnnw. Mwy o ddyn gweithredoedd nag o ddyn geiriau. Mae'r freichled 'ma rydw i newydd gael hyd iddi'n tystio i hynny. Finna'n ofni ei fod o'n pellhau oddi wrtha i wrth i ni, a'n priodas, heneiddio. Dydi pethau ddim wedi bod yn grêt, rhwng popeth, yn ystod y blynyddoedd diwethaf 'ma – ei ganser o, marwolaeth Llew. Dwi'n gwybod nad ydi o wedi bod yn frwdfrydig iawn ynglŷn â'r pen-blwydd priodas 'ma. Ac mae'i iselder o'n ddiweddar, er ei fod yn hollol ddealladwy, wedi fy nhynnu innau i'r gwaelodion, braidd. Ond mae'r anrheg yn newid popeth, yn ystyrlon, yn obeithiol. Mae fy llaw i'n crynu wrth guddio'r bocs yn ôl ym mhoced y gôt.

Ar hap dwi'n darganfod yr ail bresant. Yr un math o focs melfedaidd du. Yn amlwg o'r un siop. Ond mae hwn yn fwy sgwâr. Mae fy nghalon i'n cyflymu, a dwi'n cyffroi'n sydyn, yn bathetig, blentynnaidd o hapus pan dwi'n gweld y deiamwntau bychain wedi'u gosod mewn siâp deigryn a'r garreg fwyaf yn eu canol. Mi fydd yn anodd cuddio anrhegion mor anhygoel yn eu holau ymysg y dillad a chymryd arnaf na welais i mohonyn nhw. Ond mi fydd yn rhaid i mi, o ran parch i Hedd, a smalio fy mod i wedi dychryn i ffitia pan fydda i'n agor y bocsys ar noson y parti ac yntau'n clymu un am fy ngarddwrn a'r llall o amgylch fy ngwddw. Dwi'n mynd yn groen gŵydd, yn ecseitio'n wirion, yn dychmygu'r cyfan fel golygfa mewn ffilm.

Callia, Miriam. Ti yn dy oed a dy amser i wirioni fel hyn fel hogan benchwiban, dim ond am bod dy ŵr ers dros ddeugain mlynedd wedi prynu gemwaith mewn bocsys i ti o'i ben a'i bastwn ei hun am y tro cyntaf yn ei oes! Ac eto, sut fedra i beidio gwirioni? Dwi'n dal i'w garu o gymaint ag erioed, a than heddiw roeddwn i'n llwyr gredu bod ganddo fwy o feddwl o'r gath nag oedd ganddo ohona i erbyn hyn.

Dwi'n rhoi'r anrhegion yn ôl yn eu cuddfannau, ac yn syllu arna i fy hun yn y drych yn nrws y wardrob. Llygaid trigain oed sy'n syllu'n ôl arna i, ond gwrid hogan sydd yn fy mochau. Hogan ac arni awydd dawnsio. Troi a throi a chwyrlïo a chwerthin.

Am bod y dyn mae hi'n ei garu wedi casglu'r llwch oddi ar y sêr, a'i gaethiwo mewn bocs, a'i guddio'n arbennig dim ond ar ei chyfer hi.

# Lw

Nid Dad ydi'r unig un i gael llond bol ar yr holl baratoadau erbyn hyn. Mae gynnon ni'n dau hang-yps bellach ynglŷn â bod yng nghanol pobol. Dwi'n eitha tebyg iddo yn hynny o beth: yn rhy hoff o fy nghwmni fy hun. Fu'r un o'r ddau ohonon ni mor feudwyaidd â hyn ers talwm chwaith. Ond dwi wedi colli fy hyder ers colli Llew, ac mae Dad – er mor llwyddiannus roedd ei lawdriniaeth – yn fwy mewnblyg a chwannog i byliau o iselder ers ei salwch. Dwi'n sefyll yn y drws yn gwylio'i gar o'n diflannu oddi ar y dreif ac i'r lôn. Mae o'n galw yma'n amlach rŵan am banad, dim ond y fo a fi. Mae hi fel pe baen ni'n deall tawedogrwydd y naill a'r llall. Rydan ni'n gyfforddus yn y distawrwydd di-sgwrs. Mae hynny'n rhywbeth prin, rhywbeth na fedri di mo'i wneud hefo pawb. Bod yn ddiddig mewn distawrwydd. Dyna ydi'r drwg hefo pobol erioed. Mae arnyn nhw ofn seibiau. Ofn peidio llenwi'r llefydd gweigion hefo mân siarad sy'n golygu diawl o ddim. Ofn gorfod caniatáu unrhyw fath o hel meddyliau. Ofn tarfu ar y mŵd.

Mae Dad a fi'n gartrefol hefo mŵds ein gilydd. Mi fedran ni eistedd mewn distawrwydd am oriau'n chwalu meddyliau, a'u plethu i'r fflamau sy'n cwffio am eu gwynt tu ôl i wydr y stof goed. Dyna pam ei bod hi'n well/ganddo ddod yma ata i er mwyn cael llonydd i stwffio'i ben i'w blu. Mae Mam yn pigo'i ben o bob munud, yn trio ysgwyd ymateb ohono, hyd yn oed os ydi hynny'n golygu cychwyn ffrae, codi cnecs am rywbeth dibwys dim ond er mwyn creu sŵn yn y gwacter rhyngddyn nhw. Dydi hi ddim yn bwriadu creu drwgdeimlad. Iddi hi, mae cael gêm o bing-pong geiriol hefo Dad gyfystyr â throi'r radio ymlaen. Felly mae hi wedi bod hefo fo erioed. Mae hyn yn rhywbeth mawr i mi'i ddweud, ond dwi ddim yn meddwl ei bod hi'n ei ddeall o o gwbwl.

Fi oedd wastad yn cadw cefn Dad mewn ffrae ers talwm pan oedden ni i gyd yn byw adra hefo'n gilydd. Roedd tuedd yn Bel i ochri hefo Mam bob amser. Dwi'n cofio sawl anghydfod teuluol yn dirwyn i ben pan oedden ni'n blant naill ai drwy i Bel a Mam fynd allan i siopa neu i mi a Dad fynd dros y ponciau neu ar hyd llwybr yr arfordir am dro hir. Erbyn hyn, yn enwedig ar ôl i mi golli Llew, yma bydd Dad yn dod am loches dros dro. Doedd bore heddiw'n ddim gwahanol.

"Ti'n ocê ar gyfer nos fory rŵan, Dad?"

Sbio i'r tân wnaeth o, yn ôl ei arfer.

"Ydw, am wn i." Saib. Dracht o de. Rhoi brigyn yn y stof. Mwy o de. "Dy anti Audrey'n dod."

"Bel sgwennodd y gwahoddiadau, medda Mam."

"Rhyfedd iddi feddwl am Audrey."

Ac i ddweud y gwir, does gen innau ddim syniad beth ddaeth dros ei phen hi chwaith yn gwneud y fath beth. Yn enwedig â'r cysylltiadau sydd – neu oedd, ddylwn i ddweud – gan Audrey â Seren. Bu'n briod â thad honno unwaith, yn do, er na pharodd y briodas

147

yn hir iawn. Dydan ni erioed, fel teulu, wedi cadw rhyw lawer o gysylltiad hefo hanner chwaer Mam, ar wahân i gardiau Dolig. Mae Audrey'n berson eithaf preifat, yn ei chadw'i hun rhyw fymryn ar wahân i ni i gyd. Ac mae hynny wedi siwtio Bel a fi'n iawn ers i honno fod yn mela hefo Ifan McGuigan. Anghofia innau byth mai Seren oedd y cariad y bu i Llew roi'r gorau iddi er mwyn bod hefo fi, er cymaint o hen bitsh roedd honno ar y pryd. Dydi'r ffaith nad ydi Audrey ac Arwyn Morgan ddim hefo'i gilydd ers blynyddoedd mwyach ddim yn gwneud rhyw lawer iawn o wahaniaeth. Bu ganddi gysylltiad agos â Seren unwaith, ac i mi mae hynny unwaith yn ormod. Nid bod Dad yn ymwybodol o'r ffaith bod Seren Morgan yn ymgorfforiad o'r diafol lle dwi a Bel yn y cwestiwn. Mae o jyst yn ei gweld hi'n od, mae'n debyg, fod rhywun fel Audrey nad ydan ni erioed wedi cadw cysylltiad hefo hi fel teulu'n cael gwahoddiad i ddathliad mor bersonol. Bel, 'de? Yn meddwl bod popeth yn ocê rŵan ei bod hi hefo Arthur Plas, ac Ifan McGuigan wedi'i luchio i'r doman.

Soniodd Dad ddim byd arall wedyn am Audrey. Roedd hi fel pe bai'i lygaid o wedi cymylu drostynt fatha gwydr y stof pan fydd y brigau ffresh yn mygu. Wnes i ddim mynd ar ôl y peth. Roedd hi'n amlwg, o fewn eiliadau, ei fod o'n dychwelyd i ddiogelwch ei feddyliau'i hun. Eisteddodd yno am awran dda tra gwagiais innau'r peiriant golchi llestri, sortio'r golch a pharu sanau Gruff wrth fwrdd y gegin. Roedd y bocsys Gavi wedi mynd, diolch i dduw. Doedd y botel win 'na ddim wedi gwneud rhyw lawer o les wedi'r cwbl, dim ond rhoi throbar o gur pen i mi i ddial arna i am ei dwyn hi. Mi aeth Dad yn fuan wedyn, wedi cael ei ddogn o heddwch diamod am y diwrnod, cyn i mi gael cyfle i gynnig ail banad iddo.

Dwi wedi cael fy nghar yn ei ôl gan Elis. Ffiws, fel y dywedodd o. Job dau funud. Biti na fyddai hi'n ddim ond job dau funud i ddewis fy owtffit ar gyfer nos fory. Dwi'n caniatáu i mi fy hun banicio am ychydig, cyn tywallt gweddillion y coffi llugoer o'r jwg i 'nghwpan, ac eistedd i lawr i feddwl am gynllun. Hyd yn hyn dwi wedi osgoi gorfod meddwl am wisgo dim byd heblaw legins a jîns a throwsus pyjamas ers allan o hydion. A dwi wedi llwyddo i wneud hynny drwy osgoi derbyn gwahoddiadau i unman nad yw'n cynnig mynediad i bobol sy'n rhoi'r argraff eu bod nhw wedi cael eu llusgo drwy glawdd drain. Mae popeth yn fy nghwpwrdd dillad i sy'n hyd yn oed ymylu ar fod yn smart/rhywiol/benywaidd neu mewn un darn a'i fotymau a'i sips yn gyflawn naill ai'n rhy dynn neu'n rhy hen ffasiwn.

Roeddwn i wrth fy modd hefo dillad ers talwm. Wrth fy modd mynd allan. Ond doeddwn i ddim yn wraig weddw bryd hynny. Does gen i fawr o fynadd mynd allan am bryd o fwyd hefo Bel hyd yn oed, a hynny yn fy legins a fy siwmper lac a hithau'n gefn dydd golau. Mae meddwl am wisgo'n smart mewn siwt neu sgert neu ffrog yn fy ngwneud i'n groen gŵydd i gyd. Does dim amdani ond trio fy ngorfodi fy hun i dorri trwy'r llesgedd dwi'n ei deimlo, yr apathi tuag at bawb a phopeth sydd fel pe bai o'n rhwydo fy nghymalau yn ei we. Byddai Llew'n gwylltio hefo fi pe bai o'n fy ngweld i fel hyn. Dyna sy'n fy nghymell i o'r diwedd i newid i jîns glân a chôt dwt a hyd yn oed gwisgo llyfiad o lipstic. Does gen i ddim dewis ond mynd i siopa am wisg ar gyfer nos fory.

Mi fasai Bel wrth ei bodd dod hefo fi i gynghori a swcro a dewis drosta i, a dyna'r union reswm pam nad ydw i'n gofyn iddi. Mae'n iawn iddi hi hefo'i chorff tylwythen deg a'i choesau robin goch. Gallai Bel edrych yn styning mewn bag bin du a gogls. Ei dewis wisgoedd hi, wrth gwrs, ydi ffrogiau bach tyn a sgini jîns, ac mae hi'n trio fy mherswadio innau i brynu pethau tebyg. Ond mae gen i ormod o ddillad sy'n rhy dynn yn barod, diolch yn fawr, a dydi tynnu sylw ataf fi fy hun ddim ar yr agenda chwaith. Ond rŵan dwi'n meddwl am Bel, dwi'n cofio pa mor dawedog roedd hi pan ddaeth i gasglu'r gwin ben bore 'ma. Rhyw frys gwyllt arni a fawr ddim ganddi i'w ddweud.

Dwi'n cael hyd i le parcio'n eithaf rhwydd ar ôl cyrraedd y dref. Mae'r ganolfan siopa a'i goleuadau llachar a'i sŵn yn llai o artaith nag yr oeddwn wedi'i ofni. I ddweud y gwir, mae'r awyrgylch yno, er bod pobman mor llawn o bobol, yn od o ymlaciol. Newid aer, newid golygfa – beth bynnag ydi o, mae o'n cynnig chwa o rywbeth llesol i mi, ac yn hollol groes i'r hyn a ddisgwyliais, does neb yn sylwi nac yn rhythu arna i, oherwydd bod pawb yn rhy brysur, neu'n rhy hunanol, i falio. Yr unig un sy'n meddwl fy mod i fel llygoden y maes yn mentro i'r dref ydi fi fy hun.

Dwi'n archebu *latte* hefo llwy coes hir mewn bar coffi hefo peiriant tu ôl i'r cownter sy'n chwythu fel draig. A dwi'n cael bynsen sinamon hefo eisin arni i fynd hefo fo, gan ddewis anghofio fy mod i'n mynd i orfod trio stwffio fy mol i ddillad llai maddeugar na'r rhain sydd gen i amdanaf ymhen munudau ar ôl i mi'i sglaffio hi. Mae'r caffi'n fwrlwm o fynd a dod, ond dwi'n ddiogel yn fy nghornel wrth fy mwrdd bach crwn i un yn gwylio'r byd yn powlio yn ei flaen o fy nghwmpas. Dwi bron yn anweledig yn fy nghornel fach fy hun. A dyna'r peth gorau am y lle 'ma, fy mod i'n medru toddi i'r darlun o 'nghwmpas a diflannu, fel pry pric ar goedyn.

Mae eistedd yma'n gwrando a gwylio a sylwi bron yn therapiwtig. Ac yn fwy na hynny, dwi'n dechrau cael syniadau ynglŷn â'r hyn y dylwn ystyried ei brynu ar gyfer nos fory. Dydw i ddim wedi dilyn ffasiwn yn selog ers oes pys, er bod Bel yn ddigon hyderus hefo'r ddawn greadigol sydd ganddi i greu'i steil ei hun. Mae'r dillad cwyrci, lliwgar, y ffrinjys bohemaidd a'r clustdlysau hirion yn edrych yn ffab arni hi, ond mi fyddwn i'n edrych yn debycach i gymeriad Deiniol, y wanabi hipi o'r sitcom *Teulu'r Mans* ers talwm, pe bawn i'n gwisgo stwff felly.

Mae yna griw o ferched yn dod i mewn ac yn bachu'r bwrdd gyferbyn â mi, yn rhialtwch o fagiau siopa a siarad a choleri ffwr. Dwi'n trio dyfalu pwy ydyn nhw, y thyrti-symthings sentiog, chwerthinog 'ma a'u dillad yn datgan i'r byd eu bod yn annibynnol, yn hyderus, yn mwynhau bywyd. Ydyn nhw'n briod, yn sengl, yn hoyw, yn ennill eu bywoliaeth, yn cadw'u teuluoedd? Oes yna rywun arall yn eu cadw nhw? Mae eu hafiaith nhw'n ddeniadol, yn cyrraedd rhywle'r tu mewn i mi, bron yn deffro fy enaid o'i drwmgwsg. Roeddwn innau hefyd yn arfer bod fel hyn. Yn un o'r rhain. Yn gwisgo colur ac yn yfed Americanos. Dro byd yn ôl pan oedd y byd yn garedicach.

Tu mewn i mi mae rhywbeth yn clicio, yn disgyn i'w le'n ddamweiniol, fel pe bawn i newydd ddisgyn

oddi ar ben tas wair a glanio'n wyrthiol ar fatres. Mi
lwyddon nhw i fy neffro i, y cynnwrf 'ma o ferched a'u
bagiau gorlawn. Dwi wedi bod yn glynu at fy ngalar
fel pe bai Llew ei hun wedi lluchio rhaff i mi rhag i
mi foddi mewn hiraeth: hwda, cydia yn hon fel na
cholli di byth mohona i. Ond nid Llew sydd wedi bod
yn dweud hynny, naci, ond y fi. Mi fedra i weld rŵan
sut roedd arna i ofn gollwng fy nhor calon rhag
ofn i mi ollwng yr hyn oedd gen i'n weddill o
Llew. Dwi'n sylweddoli fy mod wedi dibynnu arno
am fy hapusrwydd fy hun fel pe bai o'n dal yma
hefo fi.

Dwi'n gwthio heibio i fwrdd y merched ar fy ffordd
allan, yn cyffwrdd cefnau eu cadeiriau fel pe bawn i'n
disgwyl i rywfaint o'u blas ar fyw gael ei drosglwyddo
i minnau fel paill. Mae un ohonyn nhw'n gwisgo ffrog
laes flodeuog a bŵts gwynion. Gwisga'i gwallt hir yn
gyrls blêr ar dop ei phen a'i chôt dros ei hysgwyddau.
Dwi'n lecio'r effaith. Gallwn i wisgo fel'na nos fory.
Blerwch smart. Cyfaddawd. Siwtio fi i'r dim.

Dwi'n hitio'r siopa dillad tra bod y caffin – a'r grym
ewyllys – yn dal yn fy system. Fel hyn roedd
Sinderela'n teimlo, siŵr o fod, cyn i'r hud ddiflannu.
Ac fel Sinderela, dwi'n gwneud yn fawr o 'nghyfle tra
bod gen i wynt teg tu ôl i mi. Dwi'n trio pâr o fŵts
bach gwynion sy'n cyrraedd at fy ffêr. Maen nhw'n
ddel, maen nhw'n ciwt, maen nhw fymryn yn ifanc i
mi, a dwi'n talu amdanyn nhw cyn i mi newid fy
meddwl a dechrau gwrando ar y lleisiau yn fy mhen
sydd wedi cadw gwahardd arna i cyhyd. Wedi prynu'r
bŵts, does gen i ddim dewis rŵan ond prynu'r ffrog.
Dwi'n trio ffrogiau llaes fel yr un a welais gan y ferch
yn y siop goffi. Oherwydd y steil mae'n galondid i mi

sylweddoli nad ydw i ddim angen mynd i seis yn fwy er cymaint yr oeddwn i wedi fy argyhoeddi fy hun cyn cychwyn fy mod i wedi ennill pwysau, ac er i mi ildio i lais y cythraul yn fy mhenglog a fynnodd fy mod yn sglaffio pob briwsionyn o'r fynsen sinamon honno gynnau. Mae'r demtasiwn i ddychwelyd i'r caffi cyn mynd adra bron yn ormod, ond mae gen i ofn i'r car droi'n bwmpen yn y maes parcio, ac i'r bŵts droi'n llygod bach gwynion yn y bag, neu waeth, fy mod i'n colli un ohonyn nhw ar y steps tu allan i Debenhams cyn i'r cloc daro chwarter i bedwar a chyhoeddi bod fy nhocyn parcio fi wedi dirwyn i ben ers hanner awr.

Mae fy ngwynt i'n dynn yn fy nwrn wrth adael y siop, a minnau'n llawer mwy trymlwythog nag y baswn i fel arfer. Dwi'n falch ohona i fy hun am fod yn ddewr ac yn fentrus, ond mae cyffro pnawn mor anarferol yn dechrau troi'n flinder erbyn hyn. Dwi'n anghysurus ac yn chwyslyd ar ôl bod yn trio cymaint o ddillad mewn siop mor boeth, ac mae gen i awydd bod adra cyn i'r tân ddiffodd yn y stof. Dyna pam dwi mor drwsgwl, yn taro i mewn i'r wraig 'ma heb ei gweld. Mae'r ddwy ohonon ni'n gollwng bagiau ar y llawr, a'r cyfan rydw i'n ymwybodol ohono yw ymddiheuriadau rhywun arall am fy mlerwch i fy hun a dynes dal mewn côt ddu a chwa o bersawr drud o'i chwmpas yn fy helpu i godi fy mhecynnau.

"Anti Audrey?"

Wn i ddim be' sy'n fy nghymell i ddweud 'anti' chwaith, a minnau yn fy oed a f'amser. Dieithrwch, mae'n debyg. Chwithdod. Mae o'n syndod, os nad yn sioc, y cyfarfyddiad annisgwyl 'ma hefo aelod o fy nheulu fy hun na fûm i erioed yn siŵr faint o groeso i'w roi iddi. Dydi Mam byth yn sôn amdani er eu bod nhw'n hanner chwiorydd. Dwi wastad, oddi ar pan oedd Bel a finna'n blant, yn ymwybodol o ryw fath o anghydfod rhyngddyn nhw, rhyw bellter, ond doedd yr un o'r ddwy ohonon ni, ddim hyd yn oed Bel fach gegog, fusneslyd, wedi bod yn ddigon dewr i ofyn pam. Ond fel y tensiwn ofn-dweud-y-peth-rong/ofn-aros-yn-rhy-hir a fodolai rhwng Audrey a Mam, roedd y ddealltwriaeth honno yno fel yr unfed gorchymyn ar ddeg: peidiwch â holi.

A rŵan, allan o nunlle, mae Audrey'n sefyll o 'mlaen i'n wên deg i gyd, fel y ffêri ddrwg na ddylai neb ei thrystio am ei bod hi'n rhy glên. Y cyfan fedra i feddwl amdano ydi: mae hon wedi cogio bod yn fam i Seren, unwaith. Mae hi'n gofyn sut ydw i, yn fy ngalw fi'n Lwsi ac nid Lw fel bydd pawb sy'n fy adnabod i'n ei wneud, ac yn holi am yr hogia. Dydi hi ddim yn adnabod dim arnyn nhwtha chwaith. Rydan ni'n dwy mor boenus o ymwybodol o'r parti nos fory â phe bai gwahoddiadau wedi'u styffylu i dalcenni'r naill a'r llall ohonom, a'r rheiny mewn llythrennau neon, bras. Fedra i ddim gwadu nad oes yna ryw awra o'i chwmpas hi, rhyw urddas diymhongar sy'n fy rhwystro rhag ei drwglecio hi'n llwyr. Rhyw ddirgelwch. Ia, dyna ydi o: mae'i dirgelwch hi'n ddeniadol. Mae'r dillad duon, chwaethus, a'r diemwntau wedi'u gosod mewn siâp deigryn sy'n gorwedd ychydig yn is na thwll ei gwddw'n tystio hefyd nad ydi hi'n brin o geiniog neu ddwy.

Ar ôl sefyll yn hirach nag sydd angen yn wynebu'n gilydd yn boléit, dwi'n cofio'n sydyn fy mod i'n dal i wisgo sgidia Sinderela am y pnawn, yn mwmian rhywbeth am dicedi parcio ac yn dianc oddi wrthi cyn gynted ag y galla i. Ac mae o'n dal yna rhyngof i ac Audrey, yr un tensiwn a fu wastad yn hofran fel tonnau gwres rhyngddi hi a Mam, fel pe bai o'n cael ei basio i lawr yn reddfol o un genhedlaeth i'r llall.

A hyd heddiw, mae gen i ofn gofyn pam.

# Audrey

Roedd ei gweld hi'n sioc. Fel gweld ysbryd. Fy merch i fy hun. Mi ddylen nhw fod wedi dweud wrthi. Bod yn onest. Y munud y daeth hi'n ddigon hen. Onid oedden ni i gyd yn haeddu hynny? Ond teimladau Miriam oedd yn bwysig, yn de? Wel, i Hedd, beth bynnag. Doedd fiw brifo Miriam. A'r hyn roedd ar Miriam ei isio, roedd hi'n ei gael. Bob tro. Roedd Hedd yn euog am ei fod o wedi fy nghael i'n feichiog. Mor syml â hynny. Doedd o ddim am i neb wybod am y ffling a gawson ni.

Yr eironi mawr ydi mai Hedd drodd ata i am gysur. Fo ddaeth ar fy ôl i. Roedd Miriam a fi, er na fuon ni erioed yn agos fel chwiorydd, yn fwy o ffrindiau bryd hynny. Chawson ni mo'n magu hefo'n gilydd, dim ond rhannu'r un tad – yr un a adawodd ei mam hi er mwyn bod hefo fy mam i, a fi oedd canlyniad y llanast hwnnw. Doedd dim rhyfedd felly nad oedd gan Miriam ryw lawer i'w ddweud wrtha i pan oedden ni'n blant, ond meddalodd wrth i ni fynd yn hŷn, a sylweddoli bod cael 'chwaer fach' yn gallu bod yn rhywbeth eitha manteisiol pan oedd hynny'n ei siwtio hi.

Dyna pam ofynnodd hi i mi fod yn forwyn briodas iddi. Doedd arni ddim isio pechu dim un o'i ffrindiau a'i chyfnitherod drwy ofyn i un ac nid i'r llall, fel petae. Roedd hi'n haws peidio gofyn i neb, a chymryd arni i fod yn drugarog hefo'r hanner chwaer fach swil 'ma oedd ganddi, a oedd hefyd, gyda llaw, yn ddigon gwirion a llywaeth i gytuno i dalu am ei ffrog breidsmed ei hun! Dial roedd hi, wrth gwrs, nid bod yn garedig. Achos mai fi oedd y babi a barodd i'w thad adael ei mam. Dewisodd y ffrog blaenaf yn y siop ar fy nghyfer, a disgwyl i mi dalu amdani fy hun. Roeddwn innau mor falch o gael y fraint o fod yn forwyn fel na faswn i byth wedi meiddio anghytuno. Ymdopais orau y gallwn i fore'r briodas gan wneud fy ngwallt a fy ngholur fy hun tra bu ffrindiau Miriam yn ei phampro am oriau ac yn steilio'i gwallt yn gelfydd a chymhleth. Doeddwn i ddim yn un o'i chriw swnllyd hi, ac ni fyddwn i byth. Roedd yn fy siwtio i'n iawn i gael llonydd i wisgo ar fy mhen fy hun. Fel y siwtiodd hi Miriam i gael rhyw Blên Jên fatha fi a edrychai'n blentynnaidd o syml a dirodres wrth ei hochr. Biwti and ddy bîst. Roeddwn i mor ddiniwed. Sylweddolais pan welais i'r lluniau. A Mam hefo'i thafod feirniadol arferol yn ddigon cyndyn â'i chydymdeimlad: Arnat ti mae'r bai, Audrey, yn gadael iddi gael hwyl am dy ben di fel'na. Rybuddiais i ddigon arnat ti, ond wnaet ti ddim gwrando.

Arnat ti mae'r bai, Audrey. Dyna fyrdwn Mam ar hyd y blynyddoedd. Gweld y gwaethaf mewn pobol. O achos mi aeth fy nhad a'i gadael hithau hefyd, yn y pen draw. Deg oed oeddwn i ar y pryd. Roedd eu ffraeo nhw'n rhan mor annatod o'n bywydau beunyddiol ni â'r bocs Kellogg's a ymddangosai'n foreol i sefyll wrth ymyl y potiau pupur a halen nad oedden nhw byth yn cael eu cadw'n ôl oddi ar y bwrdd bwyd. Roedd y petha lleia'n ddigon i godi twrw rhyngddyn nhw. A'r twrw uchaf fyddai ar fy nghownt i, fy nillad, fy ffrindiau, fy niffyg cynnydd yn yr ysgol. Roedd eu ffrae olaf mor annioddefol fel fy mod i wedi fy nghloi fy hun yn y bathrwm, cyrlio'n belen fach dynn ar y llawr a thynnu'r tyweli i gyd dros fy mhen er mwyn cau'r holl weiddi allan. Roeddwn i'n gallu'i deimlo'n ogystal â'i glywed o, yn gryndod drwy'r nenfwd, yn gwefru drwy'r llawr oddi tana i ac yn fy nghyffwrdd fel llaw.

Roedd distawrwydd y tridiau canlynol fel y tawelwch sy'n dilyn brwydr. Ar y pedwerydd diwrnod, paciodd fy nhad ei gês a gadael heb ddweud yr un gair. Credwn heb orfod gofyn dim mai fy mai i oedd ymadawiad fy nhad hefyd. Ddywedodd Mam erioed mo hynny, ond fe'i cadarnhaodd dros y blynyddoedd drwy weld bai arna i am bopeth arall.

Bu Miriam a Hedd yn briod am yn agos i ddwy flynedd cyn i mi weld Hedd wedyn. Roeddwn i wedi gadael cartra erbyn hyn, yn ffrindiau pennaf hefo Enid Siop Jips ac yn rhannu'r fflat hefo hi uwch ben y siop. Doedd Edwyn Tsips ddim hyd yn oed yn codi rhent arnan ni, dim ond yn gofyn i ni dalu'r bil trydan a'r bil ffôn, a byddai'n anfon llond powlan dreiffl fawr o sglodion i fyny'r grisiau i ni bob nos Wener. Dwi'n meddwl bod Edwyn a'i wraig mor falch bod eu merch yn dal i fod mor agos at adra ar ôl gadael cartra'n swyddogol fel eu bod nhw'n cynnig cymaint o gysuron â phosib i ni. Roedd ar ei rhieni gymaint o ofn i Enid gael hyd i le gwell ymhellach i ffwrdd fel bod Edwyn draw o hyd yn newid ffiwsys neu'n trwsio rhywbeth neu'i gilydd, a chanddo grochenaid o lobsgows neu dorth frith roedd ei wraig wedi'i hanfon 'rhag ofn i ni fynd yn brin'. Doeddwn i erioed wedi arfer â'r fath ofal hyd yn oed pan oeddwn i'n dal i fyw adra hefo Mam, ac roeddwn i wrth fy modd.

"Hôm ffrom hôm, Enid," fyddwn i'n ei ddweud, yn methu'n glir â deall pam ei bod hi'n ymateb hefo: "Blydi niwsans. Does 'na'm llonydd i'w gael."

Deallais yn ddigon buan pan syrthiais am rywun y byddwn i wedi lecio dod â fo adra i fy ngwely. A doedd hynny ddim yn rhywbeth roedd rhywun mor ddistaw a dibrofiad â fi wedi'i ragweld chwaith. Wel, ddim nes i mi ailgyfarfod Hedd. Disgwyl bws yn y glaw roeddwn i, fy nhraed yn wlyb a fy masgara'n ffrydio'n ddu i lawr fy mochau i. Dydi genod heddiw ddim yn gwybod eu geni, o'u colur i'w dulliau di-ben-draw o atal cenhedlu. Fyddai fy meiau a fy mhechodau a fy nghamgymeriadau bryd hynny ddim hanner mor erchyll ac ofnadwy pe bawn i'n ferch ifanc heddiw.

Pa'r un bynnag, daeth Hedd heibio yn ei gar mawr braf hefo'r seddi lledr llithrig 'na a chynnig lifft adra i mi. Roedd o'n welwach, wedi colli pwysau, ac roedd rhyw bryder ar draws ei dalcen o na sylwais i arno o'r blaen. Pe bawn i'n onest, roedd o wedi heneiddio mewn dwy flynedd, ond roedd hynny'n ei wneud o'n fwy deniadol, y ffaith ei fod o'n llai o hogyn ac yn fwy o ddyn. Pan ddigwyddodd basio heibio'n amlach ac yn amlach ar yr adeg roeddwn i'n sefyll yn disgwyl y bws, sylweddolais gyda gwefr fach gynnes fod hyn yn fwy na dim ond cyd-ddigwyddiad. Roedd o'n dod i chwilio amdana i, ac roeddwn innau'n dechrau edrych ymlaen at y 'cyd-ddigwyddiadau' bach hyn, yn cymryd ychydig bach mwy o ofal hefo fy ngwallt, yn gwisgo sgertiau tynnach a sodlau rhyw fymryn yn uwch, ac yn suddo i ddyfnderoedd anobaith ar yr adegau hynny pan nad oeddwn yn ei weld. Gadewais i'r bws fynd heibio ar sawl achlysur dim ond rhag ofn i Hedd gyrraedd, a chael fy siomi fwy nag unwaith. Ond yn raddol, daeth dealltwriaeth rhyngom. Dechreuodd ddweud pa ddyddiau y gallai fy nghodi, a pha ddyddiau oedd yn anodd. Ac yna dechreuodd ddweud llawer iawn mwy.

Doedd o ddim yn hapus hefo Miriam bellach. Yr unig beth ar ei meddwl hi oedd beichiogi. Cyfaddefodd â'i lygaid yn llaith ei bod hi wedi methu cynnal dau feichiogrwydd yn barod, a hynny o fewn wythnosau bob tro. Roedd cael plentyn yn bwysicach bellach i Miriam na dim byd arall. Doedd rhyw'n ddim byd iddyn nhw rŵan ond dyletswydd angenrheidiol. Mynd drwy'r mosiwns dwi, Aud, fatha ffycin Dalek. Roedd pob mis yn dechrau'n llawn addewid, ac yn darfod mewn llif o waed. Dwi wedi laru, medda fo. Wedi cael llond bol. Mae'n rhaid bod yna fwy iddi na hyn.

Mi ddylwn i fod wedi teimlo euogrwydd pan gusanodd Hedd fi am y tro cyntaf. Euogrwydd difrif tân a brwmstan. Nid dim ond gŵr priod oedd o, naci? Roedd Miriam yn hanner chwaer i mi. Ond hen bitsh o hanner chwaer oedd hi. A dyna oedd yn fy meddwl i wrth i mi'i gusanu'n ôl yr un mor dyner, ac yna'r un mor anghenus. Doeddwn i ddim yn teimlo'n euog. Roedd hyn yn teimlo'n iawn. Oedd hynny'n fy ngwneud innau cyn greuloned person â Miriam? Gwaeth? Mae gen i gywilydd cyfaddef na pharodd fy amheuon yn hir. Roedd Hedd a fi'n berffaith hefo'n gilydd, a'r garwriaeth gudd yn gynhaliaeth i ni'n dau. Yn raddol bach, rhoddodd obaith i mi. Dechreuais ddychmygu dyfodol i ni'n dau. Yn enwedig pan ddywedodd o dan deimlad rhyw noson ar ôl i ni fod yn caru: dwi wedi fy nghlymu fy hun i'r chwaer anghywir, yn dydw, Aud?

Felly pan sylweddolais fy mod i'n feichiog, wnes i ddim mynd i banig. Dyma'r sicrwydd roedd arnan ni'i angen, yn de, ein bod ni i fod i aros hefo'n gilydd? Y glud fyddai'n ein clymu ni. Doeddwn i ddim wedi fy llawn baratoi fy hun am yr hyn fyddai Hedd yn ei ddweud:

"Fedra i ddim gadael Miriam, Aud. Wna i mo'i brifo hi fel y cafodd ei mam ei hun ei brifo. Fedra i mo'i wneud o!"

Roedd ei holl aeddfedrwydd newydd, y dyn y tybiwn yr oedd o erbyn hyn, yn toddi o flaen fy llygaid i. Cedwais y darlun ohono'n eistedd ar erchwyn y gwely'n gryndod i gyd fel hogyn ysgol yn wynebu homar o ffrae yn fyw yn fy mhen am yn hir. Mynnais fferru'r olygfa, ei ymateb cachgïaidd, yn fy ymennydd i'w ddefnyddio fel arf, fel dyfais i fy helpu i'w gasáu a phellhau oddi wrtho. Ond doeddwn innau ddim yn ddigon cryf. Fedrwn i ddim rhoi'r gorau i'w garu o. Roedd hynny mor nodweddiadol ohona i. Mor nodweddiadol o wan. Doeddwn i erioed wedi bod yn ddigon cryf i wrthsefyll neb na dim, nag oeddwn, felly o leiaf roeddwn i'n bod yn driw i mi fy hun. Bod yn gadach llawr, yn barod i gyd-fynd â phawb a phopeth er mwyn cadw'r heddwch. Rhywbeth, unrhyw beth, rhag tarfu ar hwnnw. Wedi'r cyfan, onid oedd fy magwraeth wedi fy nghyflyru i fod felly? Paid â gwneud dim byd i droi'r drol, Aud, neu mi fydd yna weiddi a ffraeo a thwrw, a dy fai di fydd o i gyd.

"Fiw i mi ddweud wrth Mam, Hedd."

Fy mod i'n feichiog. Yn bwriadu bod yn fam

ddibriod. Roedd hi'n oes wahanol. Yn fyd gwahanol. Nid dim ond y masgara sydd wedi datblygu, naci?

"Mi feddylian ni am rywbeth. Paid â sôn wrth neb nes bydda i wedi cael amser i feddwl."

Sôn wrth bwy? Ac amser i feddwl am beth? Erthylu? Daeth teimlad sâl i fy meddiannu, rhyw bwl penysgafn crio-isio-chwydu-a-methu-penderfynu-pa-un. Wnes i wir ddim stopio crynu am noson gyfan. Pan ddaeth Hedd yn ôl i gysylltiad ymhen diwrnod neu ddau a finna'n tynnu gwallt fy mhen erbyn hynny, roedd y ffordd roedd yn cynnig datrys y 'broblem' yn fy ngadael i'n oer. Teimlwn fy wyneb yn rhewi fel masg, pob nerf ynddo'n dant wedi'i dynnu'n rhy dynn. Pe na bawn i'n ei garu o gymaint, efallai y byddai'i gynllun o ar ein cyfer ni i gyd wedi brifo llai arna i. Fel roedd hi, roedd ei fyrdwn parhaus ynglŷn ag amddiffyn Miriam yn hyn i gyd wedi dechrau rhygnu ar fy nerfau. Ei hamddiffyn, ei gwarchod, hyd yn oed ei hachub.

"Yr ateb perffaith, Aud," medda fo.

Yr ateb perffaith, a'r unig ateb posib, yn fy marn i, fyddai bod yn onest hefo Miriam, doed a ddelo. Doedd Hedd ddim yn hapus hefo hi, a doedd parhau i fyw celwydd ddim yn mynd i fod o les i neb. Yr ateb perffaith fyddai dyfodol i mi a'r babi a Hedd. Ond yn lle hynny dywedodd:

"Mi fagan ni'r plentyn."

"Ni?"

"Miriam a fi. Mabwysiadu'r babi, ysgwyddo popeth yn ariannol. A chditha'n cael dy fywyd yn ôl a fydd neb damaid callach. Ddim hyd yn oed dy fam. Drefnan ni i ti fynd i ffwrdd am ychydig yn ystod y beichiogrwydd."

Ni? Y 'ni' 'ma mwyaf sydyn oedd Miriam a fo, yn unedig o flaen y byd. Roedd o wedi anghofio'n sydyn iawn sawl gwaith roedd o wedi fy nal yn ei freichiau ar ôl oriau o garu tanbaid a datgan mai fi oedd y chwaer y dylai fod wedi'i phriodi, ac nid y hi.

"A be' sgin Miriam i'w ddweud ynglŷn â'r ffaith mai chdi ydi'r tad?"

Roedd ei dawedogrwydd yn dweud y cyfan. Doedd o ddim wedi dweud hynny wrthi chwaith, nag oedd?

"Rôn i'n meddwl y gallet ti ddweud nad oeddet ti ddim yn gwybod pwy oedd y tad. Wel, ddim yn iawn. Rhywun oeddet ti wedi'i gyfarfod ar dy wyliau yn rhywle."

Mae ganddo rywfaint o ras, o leiaf, i edrych fel pe bai ganddo gywilydd awgrymu'r ffasiwn beth.

"Cyfleus iawn. A be' mae hynny'n ei ddweud amdana i? Fy mod i'n rêl slwt, dyna mae o'n ei ddweud!"

"Mae'n rhaid i ni fod yn gall, Audrey. Fedri di ddim fforddio magu plentyn ar dy ben dy hun ..."

"Faswn i ddim ar fy mhen fy hun tasat ti hefo fi."

"Ti'n gwybod na wna i mo'i gadael hi."

Oeddwn, roeddwn i'n gwybod. Ond fel pob merch a fu yn fy sefyllfa i erioed, roeddwn i'n credu y gallwn i newid ei feddwl o. Rŵan, wrth wrando arno'n cynllunio ac yn trefnu fy mywyd i, roedd rhan ohona i'n falch na lwyddais i'w berswadio fo wedi'r cyfan.

"Gwranda, Audrey. Dwi'n cynnig magu'r plentyn 'ma i ti. Mae Miriam yn sâl isio babi. Dyma'i chyfle hi. Efallai'i hunig gyfle hi. Mi fasa hyn yn datrys popeth."

Y plentyn 'ma. Nid ein plentyn ni. Datrys popeth. Basa, iddo fo. Ac i Miriam. Fel pe bai'r cyfan oll yn benyd iddo am ei anffyddlondeb. Gallai llnau'i gydwybod yn lân drwy fynd â babi adra iddi, fel tynnu cwningen allan o het. O leia roedd hynny'n fwy gwreiddiol na mynd â thusw o flodau. Ar amrantiad, aeth y cythraul allan ohona i. Y ffeit i gyd. Unwaith eto, fi oedd y ferch fach oedd ar fai am bob dim. Yli sut rwyt ti wedi gwneud i ni ymddwyn. Heblaw amdanat ti fasan ni ddim wedi ffraeo fel hyn! Be' sy'n bod arnat ti, hogan, na feddyli di am bobol eraill weithia?

Ia, be' oedd yn bod arna i am flynyddoedd maith? Mam, Miriam, Hedd, Arwyn, Seren. Roeddwn i mor awyddus i blesio pawb, yn doeddwn? Mor hawdd fy nhrin. Hanes ydi'r gweddill. Y ffordd y gosododd Miriam yr amodau, fel pe bai hi'n gwneud cymwynas â fi bryd hynny wrth gymryd fy mhlentyn. Ac efallai'i bod hi'n fy helpu, o safbwynt ariannol. Sut, ac hefo be', y baswn i wedi llwyddo i fagu babi mewn un ystafell uwch ben siop Edwyn Tsips? Heb sôn am ddwyn gwarth arna i fy hun bryd hynny yn mynd i ddisgwyl hefo dyn na wyddwn i ddim hyd yn oed beth oedd ei enw. Roedd fy nhin i wedi'i bwytho go iawn.

Cytunais i'r telerau a'r amodau i gyd. Rhoi fy merch iddyn nhw. Cadw fy mhellter. Er cymaint roedd Hedd wedi fy mrifo i, roedd yn gysur i mi mai fo oedd ei thad iawn hi, a bod yr olwg ar ei wyneb yntau pan welodd o hi mor dyner nes hollti 'nghalon i'n ddwy. Mi ddylwn i fod wedi casáu Hedd am byth am yr hyn wnaeth o. Ond mae teimladau'n bethau rhyfedd. Roedden ni'n dau cyn wanned â'n gilydd. A phan es innau ymlaen i wneud rhagor o lanast o fy mywyd hefo Arwyn Morgan, Hedd oedd fy achubiaeth i unwaith yn rhagor. Er gwaetha holl ymdrechion Hedd bryd hynny, fi oedd yn iawn. Mae Lwsi wedi'n clymu ni. Amdani hi rydan ni'n siarad bob tro rydan ni'n cyfarfod. Lwsi a Llew a Gruff a Rhun. Dwi fel pe bawn i'n ei hadnabod hi, pob modfedd ohoni. A dwi'n adnabod Hedd rŵan hefyd. Dwi ddim yn chwerw bellach ynglŷn â'r hyn ddaru o fy mherswadio i'w wneud. Roedd o'n llwyr gredu'i fod o'n gwneud y peth iawn. A fedra i ddim gwadu'r ffaith bod fy merch fach wedi cael magwraeth ardderchog. Beth bynnag ydi Miriam, mae hi wedi'i haddoli hi.

Mae gorfod cadw fy rhan o'r fargen wedi mynd yn anos wrth i mi fynd yn hŷn. Dwi'n parhau i fod yn fodryb bell ar y rhestr cardiau Dolig a dim mwy. Cadw draw o gnebrwn Llew oedd un o'r pethau anoddaf, er na chefais i ddim gwahoddiad i'w priodas nhw chwaith. Pan welais i Lwsi heddiw tu allan i'r siop honno, roedd hi fel pe bai wal frics wedi disgyn am fy mhen. Llinyn bogail wedi'i dorri ond yno o hyd, yn cosi, tynnu, clymu. Roedd ei hymateb hithau'n syrpréis i mi hefyd: rhyw chwithdod od, fel pe bai yna rywbeth y dylai hi'i wybod amdana i, ond nad oedd hi ddim yn siŵr iawn beth. Fel ei hymateb gynnau pan gurais ar ei drws hi.

"Mae'n ddrwg gen i, Lwsi. Ond roedd yn rhaid i mi ddod â hwn i chi." Chi. Fy merch fy hun. Y dieithrwch.

"O mai god!" meddai. Bron â chrio. Dagrau o ryddhad oedden nhw.

"Mi gymysgodd ein bagiau ni wrth i ni'u gollwng nhw ar y llawr," medda fi. "Roeddech chi wedi rhoi'ch pwrs yn hwn. Mae'n ddrwg gen i fy mod i wedi busnesu ond doeddwn i ddim yn hollol siŵr o'ch cyfeiriad chi erbyn hyn nes i mi weld eich trwydded yrru chi. Ac mae'ch cardiau chi i gyd …"

"Mae gen i lun o Llew yn y pwrs 'ma," meddai, fel pe na bai llwchyn o ots am ddim byd arall oedd ynddo.

Mae hi'n gwenu'i diolch, ond dydi'i llygaid hi ddim cweit yn cyfarfod fy rhai i. Yn hytrach, mae hi'n edrych i lygaid y gadwyn o aur gwyn sy'n crogi rhyw fymryn yn is na thwll fy ngwddw i, ac ar y diemwntau mewn siâp deigryn sy'n wylo fatha sêr.

# Lw

Mae Bel yn ymddwyn yn od, a fedra i ddim cweit rhoi fy mys ar yr hyn sy'n ei phoeni. Dydi hi ddim yn fy anwybyddu i'n llwyr, ond mi faswn i'n taeru fy mod i wedi gwneud rhywbeth i'w phechu hi. Mae'r ffaith ei bod hi mor bwdlyd yn fy mrifo i gan ein bod ni wedi bod mor agos erioed. Dydi hi ddim yn gwrthod ateb fy negeseuon i, ond mae'r tecsts yn swta ac yn hir yn dod, sy'n hollol wahanol i sut mae Bel fel arfer, hefo'i hatebion hirfaith sy'n cyrraedd yn rhibidirês gyda rhesi o swsus. Dwi'n fy nhwyllo fy hun ei bod hi'n brysur hefo'r parti, ond mae'r gwaith mwyaf wedi'i wneud, a'r cwmni arlwyo'n cyrraedd ganol y pnawn i gael trefn ar bopeth.

"Oes rhaid i ni i gyd fynd, Mam?" ydi byrdwn Gruff ers dyddiau.

Mae o'n gwybod be' ydi'r ateb, felly dwi ddim yn gwybod pam ei fod o'n parhau i swnian, ond mi ddaliais i Rhun yn gwneud llgada cydymdeimladol arno gynnau, ac yn codi'i sgwyddau i olygu nad oes 'na chwarae teg na gwrandawiad i'w gael. Dwi'n amau y byddai yntau'n swnian yr un fath oni bai'i fod o'n ddigon hen i wybod yn well. Mae o'n wincio ar ei frawd.

"Hitia befo. Ella cei di fy helpu fi i wneud CPR ar

rywun cyn diwedd y noson. Mi fydd yna lot o hen bobol yna, bydd, Mam?"

Mae o'n llwyddo i ysgafnu'r mŵd drwy ddweud rhywbeth doniol, yn union fel yr arferai Llew ei wneud. Mab ei dad heb fod angen unrhyw fath o DNA i'w clymu nhw. Dwi'n mynd am fàth, er mwyn caniatáu digon o amser wedyn i gyrlio fy ngwallt a'i godi ar dop fy mhen. Oni bai am hulpiau Bel, bron na ddywedwn i fy mod i'n edrych ymlaen. Mae gwybod fod gen i ddillad newydd sy'n edrych yn dda amdana i'n rhoi hwb i mi. Pam na ddylwn i gymryd y cyfle i fwynhau fy hun heno am ychydig o oriau? Digon o win am ddim a rhywun arall wedi paratoi'r bwyd. Dydi meddwl gweld Arthur Plas yno hefo Bel ddim yn fygythiad bellach, rŵan fy mod i wedi magu plwc i fynd i siarad hefo fo. Yr unig gwmwl arall ydi ymweliad Ifan McGuigan, ond dwi wedi penderfynu na cheith hwnnw ddim difetha fy noson i drwy wneud i mi boeni am blentyn Seren a Llew. Lwyddith o byth i berswadio Seren i gyfarfod unrhyw un nad oes ganddi awydd i'w gyfarfod, beth bynnag. Wn i ddim pam fy mod i'n fy mhoenydio fy hun.

Rhun sy'n dreifio heno, felly dwi'n sipian ji an ti bach slei tra fy mod i'n gwneud fy hun yn barod. Mae o a Gruff yn syllu'n gegagored arna i'n dod i lawr y grisiau, yn gwneud i mi sylweddoli gyda pheth braw faint o amser sydd wedi mynd heibio go iawn ers i mi fentro gwisgo ffrog. Dwi wedi tecstio Bel ers dros awr, ond dydi hi byth wedi ateb, ac mae hynny'n cadarnhau fy ofnau fy mod i wedi gwneud rhywbeth i droi'r drol. Mae o'n boen arna i, ond does yna ddim byd arall fedra i'i wneud os nad ydi hi'n fodlon dweud wrtha i be' sy'n bod.

Wrth i mi estyn am fy nghôt cyn gadael y tŷ, mae yna rif diarth yn dod i fyny ar sgrin fy mobeil. Fel arfer, mi faswn i'n anwybyddu galwadau o'r fath, ond mae yna ryw chweched synnwyr yn fy nghymell i newid arfer oes ac ateb hwn. Dwi'n adnabod llais Arthur yn syth, ond mae o'n swnio'n bell, fel pe bai o'n lluchio'i eiriau allan o dun.

"Lw? Ti'n fy nghlywed i? Does gen i fawr o signal yn y fan hyn, felly mi 'laswn i dy golli di'n o fuan ..."

"Arthur? Lle rwyt ti? Ydi bob dim yn iawn?"

"Dwi mewn beudy, allan ar alwad. Buwch yn cael trafferth dod â llo. Mi fydda i fymryn yn hwyr yn cyrraedd heno. Ond nid yn rhy hwyr gobeithio. Dwi wedi dod allan ar yr Harley, felly fydda i fawr o dro'n dod draw o fama."

Wrth gwrs. Yr Harley Davidson. Roeddwn i wedi anghofio'i fod o'n gefnder cyfan i James Bond.

"Ocê. Mi ddyweda i wrth Bel."

"Na, nid dyna pam dwi'n ffonio. Mae Bel yn gwybod. Gyda llaw, oddi ar ei ffôn hi ges i dy rif di. Nid ei bod hi'n ymwybodol o hynny, o achos dwi ddim isio iddi hi wybod ein bod ni wedi cael y sgwrs 'ma."

"Ond Arthur, dwi ddim yn dallt ..."

Mae yna sŵn yn y cefndir tebyg i anifail yn piso. Dwi'n gobeithio mai rhywbeth i'w wneud â'r signal ydi o.

"Gwranda, Lw. Mae Bel wedi cymryd i'w phen fod yna rywbeth yn mynd ymlaen rhyngot ti a fi."

"Be'? Mae hynny'n wallgo." Ac yn egluro pam fod Bel wedi oeri tuag ata i. "Be' sy'n gwneud iddi feddwl y fath beth?"

Mae'r sŵn rhyfedd 'na i'w glywed eto, intarffirans

neu biso neu ffarmwr yn ffrio wy. Mae Arthur yn codi'i lais uwch ei ben o, ac mae'r craclo'n waeth fyth.

"Arthur, paid â gweiddi cymaint, neu mi fydda i'n dy glywed di heb ffôn!"

"Mi gerddodd Bel i mewn drwy ddrws cefn y filfeddygfa a'n clywed ni'n siarad y diwrnod o'r blaen."

"Be'? Mi glywodd hi bopeth?" Mae fy mhen i'n troi, a dwi'n difaru fy enaid fy mod i wedi llowcio'r jin 'na gynnau ar stumog wag.

"Naddo, dim ond y rhan lle roeddwn i'n dweud fy mod i'n dy ffansïo di."

"Ond ers talwm oedd hynny? Yn de?" Dywed 'ia', wir dduw. Ac mae gen i'r parti i ddod eto. Fedra i ddim dal llawer mwy. Fedra i ddim. Go iawn.

"Ia, ond doedd hi ddim i wybod hynny, nag oedd? Dwi wedi egluro iddi, ond heb ddweud popeth. Hynny yw, roedd Bel methu'n glir â dallt pam roeddet ti wedi dod i fy ngweld i yn y lle cynta. Doedd fiw i mi ddweud dy fod ti wedi dod i drafod Rhun, nag oedd?"

O, diolch byth. Diolchdiolchdiolch …

"Lw? Ti'n dal yna?"

"Ydw. Felly be' ddywedaist ti?"

"Dweud dy fod ti wedi dod i fy rhybuddio i i beidio'i brifo hi eto neu mi fasat ti'n fy sbaddu i! Neith hynny'r tro? Jyst isio dy rybuddio di i ddweud yr un stori pan fydd hi'n gofyn i ti heno dwi. Dyna'r cyfan. Er ein mwyn ni i gyd!"

"Iawn. O mai god, Arthur, diolch i ti. O, Arthur?"

"Ia?"

"Be' sy'n piso yn fanna bob munud?"

"Hôspeip ydi o!"

"Ocê. Paid ag egluro dim mwy!"

Pwff o chwerthin ac mae o'n diffodd ei ffôn. Efallai

y medra i oddef ei gael o'n frawd-yng-nghyfraith wedi'r cyfan.

Mae Gruff a Rhun yn y car yn disgwyl ers deng munud.

"Mam, brysia, 'dan ni'n hwyr. Chdi oedd yn dwrdio gynna ein bod ni'n dau'n llusgo'n traed!"

"Dim ots gin i fod yn hwyr eniwe. Boring o beth ..."

"Pwy oedd ar y ffôn?"

"Santa Clos yn holi at flwyddyn nesa! Rŵan, dowch!"

* * * *

"Sori, Lw. Dwi wedi bod yn hen hulpan niwrotig!"

"Wel, wyt braidd!" Dwi'n chwarae fy rhan, ac yn teimlo'n euog fel diawl. Ond mae euogrwydd a fi'n deall ein gilydd erbyn hyn. Mi fedra i fyw hefo hwnnw, ond fedra i ddim byw heb fy chwaer.

Erbyn hyn mae Gruff a Rhun wedi diflannu i wahanol gorneli i chwarae hefo'u ffonau, mae gen i wydraid yn fy llaw a dwi wedi cymodi hefo Bel. Mae'r noson yn gwella wrth y funud. Yna mae Mam yn sefyll wrth ein hymyl ni mewn ffrog fel Alexis Carrington ac yn sibrwd, hefo ogla'r Gavi ar ei gwynt:

"Mae o'n mynd i roi'r presanta i mi rŵan, genod!"

"Presanta? Sut wyt ti'n gwybod dy fod ti'n cael mwy nag un, Mam?"

"Mae hi wedi bod yn chwilio yng ngwaelod y wardrob eto, yn dwyt, Mam?"

Mae'n amlwg o ble mae Bel yn cael ei direidi.

"Rhowch y gorau iddi, y ddwy ohonoch chi. Dwi'm isio gwybod, Mam!"

Ond fedar Mam ddim dal yn ôl. Dwi'n amau fod gan y gwin rywbeth i'w wneud â hynny.

"Un anrheg saffir, a'r llall yn diferu hefo deiamwntau. Deimonds, genod bach. Deimonds!"

Ac ar hynny, mae hi'n rhyw hanner cerdded, hanner gleidio fel iâr ddŵr dros rew i gyfeiriad Dad, sydd wrthi ar y gair yn chwifio bocs hirsgwar melfed o flaen ei thrwyn ac yn gwenu'n anarferol o glên arni. Does dim golwg rhy sad ar ei draed arno yntau chwaith, diolch i'r holl win Eidalaidd sydd fel pe bai o'n llifo o bob cyfeiriad. Dwi'n meddwl am Arthur Plas a'i hôspeip. Mae Bel yn mynd â fy sylw oddi ar Mam a Dad drwy ddweud:

"Mae Anti Audrey'n edrych yn smart heno. Doeddwn i ddim yn meddwl y basai hi'n dod, i ddweud y gwir."

Mae Bel yn iawn. Mae gwisg Audrey'n glasurol, ac edrycha flynyddoedd yn fengach na'i hoed. Saif ryw ychydig ar y cyrion â gwydryn gwin yn ei llaw. Does yna fawr o Gymraeg wedi bod rhyngddi a Mam heno, er fy mod i wedi sylwi ar Dad yn cael dipyn o sgwrs hefo hi gynnau. Doedd hi ddim yn edrych yn sgwrs bartïol, ysgafn chwaith: mae bantar i'w weld o bell, yn dydi, y gwenu, y pyliau chwerthin wrth i'r awyrgylch a'r alchohol lacio tafodau, y symud pwysau oddi ar un goes i'r llall, ond roedd sgwrs Dad ac Audrey'n ymddangos yn debycach i drafodaeth dau dwrna cyn achos llys. Roedd yna daerineb rhyfedd rhyngddyn nhw nad yw'n gweddu i achlysur fel hyn. Ac eto, o gofio'r mŵds mae Dad wedi bod ynddyn nhw'n ddiweddar, mi fasa gynno fo wyneb tin hyd yn oed pe bai yna ddyn o Camelot wedi dod yma i ddweud wrtho'i fod o wedi ennill ffortiwn: Dowch yma'r wsos nesa, does gen i ddim mynadd rwdlian hefo chi heddiw. Na, dydi mân siarad ddim wedi bod yn un o flaenoriaethau Dad yn ystod y misoedd diwethaf.

Mae rhywun yn curo llwy yn erbyn y bwrdd rŵan ac mae 'nghalon i'n suddo. Edrycha Dad fel cwningen wedi'i lampio.

"Dwi ddim yn gwneud sbîtsh!"

Yn annisgwyl, ac er mawr ryddhad i mi a Bel sydd eisoes wedi dechrau gwneud llgada ar ein gilydd ynglŷn â pha un o'r ddwy ohonon ni a fyddai'n fodlon camu ymlaen i achub y dydd, daw Rhun i'r adwy. Dim ond rhywun o'i oed o, mewn siaced denim a chlustffonau'n dal o amgylch ei wddw, fyddai'n medru llwyddo i gael getawê hefo'r llifeiriant o jôcs piblyd sydd ganddo, yn gymysg â thysteb gawslyd ond hynod annwyl i rinweddau unigryw ei daid a'i nain. I sŵn y chwerthin caredig a'r clapio sy'n dilyn, mae Dad yn agor y bocs ac yn ei ddal dan drwyn Mam fel pe bai hi wedi ennill gwobr *Siôn a Siân*. Wrth wylio Mam yn gwenu'n wirion ac yntau'n clymu'r freichled saffir o amgylch ei garddwrn, dwi'n sodro fy ngwên Wallace and Gromit orau ar draws fy wyneb, a disgwyl yn ddewr iddo glymu'r deimonds 'ma rownd ei gwddw hi hefyd er mwyn i'r ddrama fach grinjlyd o'n blaenau ddod i ben mor handi â phosib.

Ond dydi hynny ddim yn digwydd. Mae Mam yn dal i edrych yn ddisgwylgar i'w gyfeiriad, ei gwên yn gwywo fesul eiliad, tra bod rhyw olwg wirion, ar goll ar Dad fel dyn sy'n cael trafferth deall yr arwyddion mae pobol yn eu rhoi iddo'i fod o wedi anghofio cau'i falog. Mae Gruff yn ymddangos o nunlle fel un o gorachod Siôn Corn ac yn stwffio plât i ddwylo'i daid sy'n cynnwys dwy *vol-au-vent* a sleisen o gîsh. Mae'r tensiwn yn yr ystafell yn toddi i mewn arno'i hun, ac â pawb yn ôl at eu sgwrs/gwin/platiau/perlewyg eu hunain fel pe na bai dim oll wedi digwydd. Dwi mor browd o fy mhlant y funud hon fel fy mod i'n gwneud nodyn brys yn fy mhen i ypgrêdio ffonau'r ddau'n syth bìn i'r i-ffonau diweddara fory nesa, yn ogystal â dechrau tanysgrifio i Sky Sports a Netflix. Ac yna mae Bel yn poeri i 'nghlust i:

"Lle ma'r llall? Y presant arall!"

"Ia, wel, ella nad oedd yna'r un. Ella bod Mam wedi camgymryd ...?"

"Mi welodd hi o, Lw, â'i llygaid ei hun. Deiamwnt ar gadwyn, a lot o rai bach o'i gwmpas o, a'r cyfan fel siâp deigryn medda hi. *Teardrop diamond* neu rwbath. Mi oedd hi wedi mopio am y peth. I bwy arall fasa Dad yn prynu'r fath anrheg?"

Dwi wedi darllen am bobol sy'n sôn am allu teimlo llaw fawr oer yn cwmpasu'u calonnau nhw ac wedyn yn gwasgu. Mae o'n digwydd ar adegau o drawma – gweld ysbryd, trawiad, dy fraich dde di yng ngheg teigar hyd at dy benelin; sylweddoli bod dy dad yn cael affêr hefo chwaer dy fam.

Y peth a hoeliodd fy sylw fwyaf ddoe ynglŷn ag Audrey oedd y deiamwnt siâp deigryn a wisgai o amgylch ei gwddw. Nid ei anferthedd a dynnodd fy sylw, o achos nad oedd hi ddim yn garreg fawr, a doedd gweddill y cerrig bychain a'i hamgylchynai fawr mwy na maint hadau pabi. Disgleirdeb y peth a'm trawodd i wrth i Audrey sefyll yn y drws ddoe. Roedd y golau trydan yn y cyntedd yn deffro'r clwstwr deiamwntau ac yn eu goglais nes eu bod nhw'n chwerthin, yn herio rheswm fel rhew ar dân. Nid dyma'r math o gadwyn fyddai merch yn ei phrynu iddi hi'i hun.

"Lw? Lw, be' sy? Ti'n ocê?"

Na, dwi'n bell o fod yn ocê, a dydi Mam ddim yn ocê chwaith, o achos mae hi newydd sylweddoli'r un peth â fi. Blydi hel, fedra i ddim credu bod Audrey wedi gwisgo hwnna heno, o bob noson. O'r fan hyn, o fy safle ym mhen arall yr ystafell â 'nhraed fel petaen nhw wedi'u gwreiddio i'r llawr, dwi'n gwylio Mam yn lluchio'i gwin nid i wyneb Audrey, ond i dwll ei gwddw hi lle mae'r deiamwntau'n nythu. Maen nhw'n diferu o win, yn wlyb ac yn dal ar dân, yn gwneud sbort am ein pennau ni i gyd.

Mae'r ystafell, a phawb ynddi, yn fferru, yn llonydd fel llun. Ond o'r tu allan daw'r sŵn. Mae o fel sŵn adeilad yn cael ei ddymchwel. Rhyw un glec anferth, farwol, cymysgedd o sŵn daeargryn a dwndwr wal yn disgyn. Ac mae corn car yn canu'n ddi-baid, fel pe bai rhywun yn gwrthod tynnu'i law oddi ar y llyw. Mae'r ffrwydrad yn dod ymhen eiliadau, ac mae o'n agos. Mae o'r tu allan, ac mae'r fflamau'n chwarae mig hefo'r nos, yn taflu eu cysgodion yn erbyn ffenestri'r tŷ.

# Seren

Mae hi'n falch nad ydi Ifan ddim yma heno, a'i bod hi ar ei phen ei hun yn y tŷ. Cynigiodd iddi fynd hefo fo ar y cwrs 'ma – gwesty crand, *gym* a sba – ond am unwaith, doedd ganddi mo'r awydd. Mae'r llythyr 'ma wedi'i thaflu hi. Wedi'i gorfodi i godi'r clawr ar orffennol sy'n mynnu dod yn ôl i'w phlagio, i chwarae ar ei chydwybod, fel unrhyw beth sy'n cael ei gladdu'n fyw.

Roedd hi'n caru Llew. Yn fwy nag yr oedd o erioed wedi'i charu hi. Gwrthodai hithau wynebu hynny o'r munud y sylweddolodd hi fod eu perthynas yn unochrog. Yn lle derbyn y gwirionedd hyll, ymatebodd Seren yn hollol groes i'w natur. Trodd yn fwy anghenus a meddiannol o Llew. Gwnâi bopeth, unrhyw beth, i'w blesio heb sylweddoli mai'r cyfan roedd hi'n ei wneud oedd hoelio'r caead yn dynnach ar eu perthynas. Mae hi'n wers anodd i unrhyw un – derbyn nad oes modd gorfodi neb i dy garu di. Roedd hi fel Morus y Gwynt yn chwythu ac yn chwythu ond yn methu'n glir â chael y wraig yn y stori i dynnu'i chôt. Daliai Llew i lapio'i deimladau'n dynn amdano nes ei fod o wedi'i chau hi allan yn llwyr.

Dydi hi ddim yn hollol siŵr hyd heddiw a fyddai hi

a Llew wedi llwyddo i wneud rhywbeth o'u perthynas pe na bai o wedi taro ar y blydi Lwsi Gruffydd 'na. Go brin hefyd. Hyd yn oed pe baen nhw wedi pydru ymlaen am ychydig, mi fyddai yna ryw Lwsi arall wedi dod heibio'n hwyr neu'n hwyrach reit siŵr, a difetha popeth drachefn. Mae Seren yn dal i ryfeddu hefyd, hyd yn oed rŵan, pa mor sydyn yr aeth Lwsi i ddisgwyl babi wedi iddi hi a Llew gyfarfod. Yn syth bìn, yn ôl y sôn ar y pryd. Roedd hynny'n fwy na halen yn y briw iddi hi pan glywodd hi. Tebycach i wenwyn. Fedar hi ddim hyd yn oed meddwl am hynny heddiw heb bwl o gasineb – y bitsh fach yna'n chwarae mamis a dadis hefo Llew, yn enwedig ag yntau'n hollol anymwybodol o'r ffaith ei bod hithau'n cario'i blentyn o hefyd.

Byddai Seren wedi gallu dweud wrtho, wrth gwrs. Oni fyddai hynny wedi bod yn ddialedd perffaith? Aros am fis neu ddau er mwyn i Lwsi a Llew setlo'n braf yn eu bybl bach hapus cyn tanio'r ergyd a fyddai'n ysgwyd eu perthynas i'w seiliau? Mi fyddai hynny'n ffordd eitha sicr a di-droi'n-ôl o glymu Llew iddi am byth. Ond Seren oedd hi, a doedd bod yn fam sengl i blentyn Llew tra oedd o'n dangos i'r byd mai hefo Lwsi roedd o'n dymuno magu'i deulu ddim yn apelio ati o gwbwl. Byddai aberthu'i rhyddid, cyfyngu'i dewisiadau am weddill ei bywyd, yn ormod o bris i'w dalu dim ond i ddial ar foi nad oedd ganddo affliw o ots amdani.

Ond pendronodd yn hir ynglŷn â'r erthyliad, a hynny oherwydd ei hofnau'n fwy na dim. Dyna oedd ei bwriad, ond arhosodd yn rhy hir. Bu bron i'r ddedfryd a gafodd gan y clinig, nad oedd ganddi ddewis ond mynd drwy'i beichiogrwydd, ei gyrru i ymyl y dibyn. Cadwodd ei chyflwr yn gyfrinach drwy balu celwydd am gymryd blwyddyn allan yn Ffrainc ar ôl gorffen yn y coleg. Roedd ei thad yn does yn ei dwylo fel arfer, yn credu popeth a ddywedai wrtho gan luchio pres ati'r un pryd. Bu bron i'w chynllun lwyddo oni bai am wraig ei thad, yr Audrey fusneslyd, wirion 'na. Ond roedd hi'n ddigon o fatsh i honno erioed. Doedd darganfod ei bod hi'n rhyw fath o fodryb bell i Lwsi ddim wedi helpu Seren i gymryd ati, o bell ffordd. Doedd gan yr ast wirion ddim cliw, chwaith, ei bod hi, Seren, wedi darganfod ers talwm mai Hedd Gruffydd, tad Lwsi, oedd y ffansi man oedd ganddi. Lwc mwngral, a dim arall, a fynnodd bod Seren wedi cael hyd i gardyn pen-blwydd cariadus at Audrey gan Hedd wrth chwilio'n lled ddiniwed drwy ddrorau honno. Bwriad Seren oedd benthyg dipyn o golur drud Audrey heb ofyn. Yn lle hynny cafodd hyd i gyfrinach fwyaf bywyd bach trist ei llysfam. Dyna lle'r oedd o. Y gwir pathetig. *Caru chdi, Aud. Swsus mawr, Hedd.* Ac yn lle gwylltio, gwenodd Seren fel cath fodlon. Roedd rhywbeth fel hyn yn aur pur. Rheol rhif un, Hedd, y prat. Paid byth â rhoi dim byd ar ddu a gwyn. Cadwodd Seren y cardyn, fel y cadwodd y gyfrinach. Yn nwylo rhywun llai cyfrwys byddai gwybodaeth fel hyn yn ffrwydrol, ond unwaith roedd hi allan yn y byd mawr hefo'r clecs eraill i gyd byddai'n colli'i gwerth yn y pen draw, fel popeth arall sy'n hawdd ei gael. Felly cuddiodd y cyfan o dan ei het, a chwarae Audrey fel pysgodyn ar fach.

Ond rŵan mae'i chyfrinach hi'i hun wedi dod yn ei hôl i blagio Seren wedi'i holl ymdrechion i guddio'r ffaith fod ganddi hi a Llew blentyn yn rhywle yn y byd. Mae yna raglenni ar y teledu byth a hefyd y dyddiau hyn am bobol yn chwilio am eu rhieni biolegol. Does gan Seren ddim mynadd hefo nhw, y ṟhaglenni na'r plant mabwysiedig. Pawb ym mhobman ar grwsâd i gael hyd i'w rhieni 'iawn'. Blydi anniolchgar ydyn nhw, yn ei barn hi. Beth am y creaduriaid diawl sydd wedi'u magu nhw? Wedi codi ganol nos hefo nhw pan oeddan nhw'n sâl a mynd i ddotio atyn nhw'n actio rhannau bugeiliaid ciwt yn nramâu'r geni hefo cadachau sychu llestri am eu pennau? Dyna ddrwg pobol heddiw, meddylia Seren yn biwis. Pawb mor ffycin hunanol.

Ar wahân i Ifan. Mae hwnnw fatha Iesu Grist, isio helpu pawb. Mae hynny'n egluro pam ei fod o wedi dewis mynd yn ddoctor, mae'n debyg. Weithiau mae'i ofal a'i bryder o ynglŷn â'i gyd-ddyn yn mynd ar ei nerfau hi. Ôl wel an gwd fel rhan o'i job ac yntau'n cael ei dalu'n hael amdani, ond rêl poen yn din os ydi o'n dod â'i ddadleuon moesol adra ati hi. Mae'n rhaid iddi gyfaddef fod y llythyr ynglŷn â'r ferch a roddodd hi i'w mabwysiadu ugain mlynedd yn ôl wedi bod yn andros o sioc i Ifan yn ogystal ag iddi hithau. O leiaf roedd hi'n gwybod ei bod hi wedi rhoi genedigaeth i blentyn. Ifan gafodd y sioc fwyaf. Ond ers iddo brosesu hyn i gyd, mae o'n gefnogol hyd at syrffed, yn ei hannog i ailfeddwl ynglŷn â chyfarfod ei merch. Dyna pam ei bod hi mor falch o gael gwared arno am un noson, dim ond i gael llonydd. A fydd hi ddim yn gwylio'r gyfres newydd o *Long Lost Family* heno chwaith.

Mae o wedi gadael potel o win iddi'n oeri yng ngwaelod y ffrij. Y Gavi Eidalaidd hwnnw mae o mor hoff ohono, ac mor hoff o'i argymell i bawb. Mae o'n dda fel'na hefyd. Meddylgar. Mae hi wedi bod yn lwcus ohono fo, o'r bywyd sydd ganddyn nhw hefo'i gilydd. Cofia'r gwyliau 'na yn y Maldives llynedd, y rhamant, y moethusrwydd, y cabanau coesiog a oedd yn balasau â'r môr cynnes, cynnes fel carwr yn llyfu'u traed nhw. Cofia'i bod hi wedi colli sbel o bwysau ar gyfer y gwyliau rheiny, a'i bod yn edrych yn bur dda mewn bicini. Mae yna bentwr o luniau yn rhywle. Gwydraid o'r Gavi ac mae hi'n cofio ymhle. Maen nhw'n dal ar hen ffôn Ifan, heb gael eu huwchlwytho i'r cyfrifiadur eto. Dau wydraid, ac mae hi wedi cael hyd i'r ffôn yng nghefn drôr y ddesg. Dri chwarter potelaid yn ddiweddarach, mae'r ffôn wedi tjiarjo, ac mae Seren yn darganfod y tecsts sy'n tystio i'r ffaith bod ei gŵr meddylgar, anhunanol wedi cael perthynas yn boenus o ddiweddar hefo rhywun o'r enw Bel G.

Hanner gwydraid eto, ac mi fydd Seren wedi gorffen y botel i gyd.

IFAN:  Be ti'n feddwl o'r hen Eidalwr? xx

BEL G: ??? xx

IFAN:  Y Gavi!! xx

BEL G: Hoffi'r 'complex nutty finish'! xx

IFAN:  Cwyrci, fatha chdi! xx

BEL G: Biti na fasat ti yma yn y gwely rŵan yn ei yfed o hefo fi! xx

IFAN:  Fasa gen ti ddim gobaith codi'n gynnar felly i agor y siop 'na! Wnei di byth droi lle Neil Gwallt yn 'furniture superstore' wrth orwedd yn dy wely efo fi! xx

BEL G: Wel, dwi'n gwybod pa un o'r ddau beth fasai orau gen i! xx

Mae'r negeseuon yn mynd ymlaen ac ymlaen. Yn codi pwys arni. Fedran nhw ddim gorffen yr un neges heb y swsus chwydlyd 'ma. Bel Gruffydd ydi hi. Honna sy'n cadw'r siop ddodrefn wirion 'na yn hen le Neil Gwallt. Chwaer yr ast Lwsi 'na. Mae'r ddwy ohonyn nhw wedi dwyn ei dynion hi rŵan. Bel G o ddiawl. Pwy mae hi'n ei feddwl ydi hi? Un o'r blydi Spice Girls? Mae Seren yn lluchio'r botel win wag i gyfeiriad y drych mawr uwch ben y lle tân. Ac mae'r darnau gwydr sy'n genllysg dros garreg yr aelwyd yn edrych fel pe bai holl galonnau'r byd wedi torri hefo'i gilydd ac wedi trio'u lluchio'u hunain i gyfeiriad y grât.

*　*　*　*

Efallai y byddai hi'n well i Seren pe bai Ifan adra. Byddai hi'n ffrae i ddiweddu pob ffrae, ond mae'n bur annhebyg y byddai hi wedi gyrru'r car ar ôl yfed potelaid gyfan o win. Mae'n bosib hefyd pe bai Ifan yno na fyddai hi wedi yfed hanner cymaint. Hyd yn oed pe bai hi'n sobor fel sant, byddai Seren wedi gwylltio cymaint hefo Ifan ac hefo Bel fel ei bod hi'n colli arni'i hun yn lân. Mae hynny'n ddealladwy. Hyd yn oed yn ddisgwyliadwy. Ond dydi hi ddim yn sobor. Mae hi wedi claddu'i chasineb tuag at Lwsi Gruffydd ers ugain mlynedd heb weithredu arno, yn union fel y dewisodd roi cyfrinach Audrey o'r neilltu ers talwm nes ei bod hi'n amser ei hestyn a'i hysgwyd a thynnu'r llwch oddi arni er ei lles ei hun. Dyna ydi steil Seren erioed. Aros, a gwylio, a mesur ei chamau fel hen lwynoges. Oni bai am ei darganfyddiad heno, efallai y byddai Lwsi wedi cael llonydd. Ond mae'r hen hwran fach o chwaer sydd ganddi wedi ysgwyd ei chaets rŵan. Lwsi, ei chwaer, ei modryb, ei thad. Mae rhywbeth yn y teulu, mae'n rhaid.

Maen nhw i gyd cyn waethed â'i gilydd. Twyllwyr. Celwyddgwn.

Mae Seren yn meddwl y pethau hyn wrth ddringo i'r ffôr bai ffôr sgleiniog gwyn. Mae'n meddwl amdanyn nhw wrth danio'r injan, wrth newid gêr, wrth sgrialu o'r dreif ac i'r lôn bost. Mae ganddyn nhw barti heno. Y rhagrithiwr Hedd Gruffydd 'na a'i hen drwyn o wraig yn dathlu rhyw ben-blwydd priodas neu'i gilydd. Mae pawb yn gwybod bod yna barti yn y tŷ mawr 'na sydd ganddyn nhw. Dyna nhw eto, pobol fawr gachu. Y gwŷr cariadus sy'n tendiad ar eu gwragedd, yn ufudd fel cŵn rhech, yn cymryd arnynt eu bod nhw'n bileri cymdeithas. A'r bitsh Audrey 'na yn eu canol nhw fel pe na bai menyn yn toddi. Wel, mi fydd hi'n mynd yna heno ac yn eu hwynebu nhw i gyd. Yn gollwng cymaint o gathod o'r cwd nes bydd clustogau drud Miriam yn chwydu plu a'i chyrtans Laura Ashley hi'n racs.

Mae hi'n noson glir, a'r amodau gyrru'n berffaith i unrhyw un sydd heb yfed potelaid o win. Dydi Seren ddim yn deall beth sy'n bod hefo'r car heno; mae'r weipars yn dod ymlaen ar eu pennau'u hunain a'r gêrs yn rhygnu. Dydi'r drychau ddim yn gweithio cystal chwaith, o achos mae popeth sy'n ymddangos tu ôl iddi'n edrych yn nes nag y dylai o fod. Mae yna ormod o wres, ac mae hi'n gwyro ymlaen i'w droi o i lawr, ond dydi'r botymau ddim lle maen nhw'n arfer bod. Teimla'n gysglyd, ynghrog mewn amser, yn symud ac yn llonydd ar yr un pryd ac mae'r lleuad wedi disgyn o'r awyr ac yn dod yn syth amdani. Crwn, llachar, di-ildio, plât cinio o leuad, ond wrth iddi ddod yn nes ati, gwêl Seren ddwy soser wen bob ochr i'r lleuad, sydd rŵan yn debycach i fodrwy ddeiamwnt, carreg fawr rhwng dwy garreg lai. Lleuad yn debyg i blât yn debyg i fodrwy. Ac yn debycach fyth, rŵan ei bod hi mor agos at drwyn ei char, i olau moto-beic.

# Lw

Mae holl ddigwyddiadau noson y parti wedi pylu'n ddim ar ôl damwain Seren McGuigan. Fe'i lladdwyd hi'n syth, meddan nhw, yn ôl maint y gwrthdrawiad rhyngddi a'r wal o dan yr hen bont relwe. Roedd hynny ar ôl iddi daro Arthur Plas oddi ar ei foto-beic. Oni bai'i fod o wedi cael ei daflu'n glir oddi ar yr Harley, mi fyddai yntau wedi cael ei ddal yn y ffrwydrad ddaeth wedyn. Er bod ganddo binnau a phlatiau'n dal ei goesau hefo'i gilydd, ac na ddaw o o'r ysbyty am wythnosau, mae o'n fyw.

Dydi Bel ddim wedi symud oddi wrth ochr Arthur. Mae hi yna yn yr ysbyty ddydd a nos. Dwi'n mynd yno ambell waith i roi brêc iddi, er mwyn iddi bicio adra am gawod. Mae'i lygaid o'n trio gwenu arna i drwy'r bandejis ac mae o'n cysgu lot. Mi fu'r cyfan yn fraw i ni i gyd, ond yn hunllef i Mam a Dad gan fod yr holl gyflafan wedi digwydd megis ar stepan y drws. Mae'r ddau'n pydru ymlaen fel arfer, yn eu bydoedd ar wahân, yn poeni am Bel ac am Arthur yn eu pennau'u hunain, yn rhannu remôt y teledu ac yn siarad am y tywydd. Mae'r freichled saffir yn ei bocs yn rhywle na welith hi byth olau dydd eto, a wneith yr un o'r ddau ddim sôn dim am y mwclis deiamwnt tra byddan nhw. Ac mae'r bocsys melfed duon wedi eu claddu fel teimladau rhag i'w gonestrwydd nhw darfu ar neb.

Mae'n ddirgelwch llwyr pam y byddai Seren wedi dreifio'r ffordd honno yr amser hwnnw o'r nos. Mi ddylwn i fynd i weld Ifan. Dwi'n dal i drio magu plwc, ac am ein rhesymau gwahanol, ddaru mi na Bel ddim mynd i'r angladd. Mae hi fel petai rhyw fêl o dawelwch wedi'i lluchio dros ein bywydau ni ar hyn o bryd, a dwi'n euog o ymwybodol o'r ffaith bod damwain erchyll Arthur wedi tynnu'r sylw oddi ar gywilydd fy rhieni.

Dwi'n falch nad ydi'r hogia adra pan ddaw Audrey i'r drws.

"Mae'n rhaid i mi siarad hefo chi, Lwsi."

"Dwi'n meddwl eich bod chi wedi achosi digon o helynt fel mae hi, Anti Audrey."

Dwi'n synnu at y caledwch yn fy llais. Ond dyna mae bywyd wedi dechrau'i wneud i mi o'r diwedd. Fy nysgu i beidio cymryd shit.

"O, Lwsi. Mae yna gymaint nad ydych chi'n ei wybod o hyd."

Ac mae'n well gen i i bethau aros felly, ni waeth be' ydi'r wybodaeth 'ma mae hi'n credu y dylai hi ei rhannu. Mae anwybodaeth yn rhywbeth llawer haws byw hefo fo. Efallai fod Mam a Dad yn ei deall hi'n well na'r gweddill ohonan ni wedi'r cwbl. Dwi'n dweud bod rhaid i mi gasglu Gruff o'r ysgol, a dydw i ddim hyd yn oed yn ei gwahodd hi i'r tŷ.

\* \* \* \*

"Dwrnod iawn, Gruff?"

"Y hy."

"Prawf Maths yn ocê?"

185

"Y hy."

"Be' gest ti i ginio?"

"Yym … dwi'm yn cofio …"

Normalrwydd lle mae Gruff yn y cwestiwn felly. Dydi o ddim yn ymateb yn dda iawn i fân siarad. Rhywbeth yn debyg i'w daid ynddo fel'na. Y tric ydi cau fy ngheg am dipyn, a jyst disgwyl iddo fentro cynnig manylion tameidiog am ei ddiwrnod yn ei amser ei hun.

"O, ia, Mam, mi wnes i anghofio sôn ddoe."

Bingo.

"O, am be' felly?"

"Yr hogan wiyrd 'ma."

"Be', yn dy ddosbarth di?"

"Naci siŵr. Yn siop jips."

"O, tsips gest ti i ginio heddiw felly?"

"Naci! Sosej rôl, 'de? Ddoe ges i jips!"

Mi fasa hwn wedi bod yn gaffaeliad i'r Ffrensh Resistans ers talwm. Dim sens i'w gael wrth ei holi o. Dwi'n dweud dim. Gadael iddo barhau'r sgwrs yn ei amser ei hun.

"Mi oedd hi'n gofyn os oeddwn i'n byw'r ffordd hyn. Gofyn ôn i'n gwybod lle oedd syrjeri Doctor McGuigan."

"Od. Be' ddywedaist ti?"

"Dweud wrthi lle'r oedd o, 'de?"

"Ofynnodd hi rywbeth arall i ti?"

"Naddo, ddim felly. Ond roedd hi'n gwenu arna i o hyd. Ond nid mewn ffordd crîpi, jyst clên. Fatha'i bod hi'n fy nabod i, 'lly. Ei gwallt hi oedd yn wiyrd. Fatha hipi. Strîcs pinc ynddo fo."

"Faint oedd ei hoed hi, ti'n meddwl? Yr hogan 'ma?"

"'Mbo. Hynach na fi. Hŷn nag oed ysgol. Ond dim ond chydig bach hŷn. 'Swn i'n deud ei bod hi tua'r un oed â Rhun. O, a Saesnes ydi hi hefyd!"

# Stella

Seren oedd enw'i mam hi. "It's Welsh for 'star'," meddai un o'r nyrsys yn yr ysbyty lle ganwyd hi. Dyna pam y galwon nhw hi'n Stella. Enw dros dro oedd o i fod, yn lle Baby Morgan. Ond penderfynodd ei rhieni newydd gadw'r enw fel roedd o. Roedden nhw'n bobol ryddfrydol, eangfrydig. Hyd yn oed yn ymddiddori go iawn yn y sêr. Dyma dy lwybr di, Stella. Fel hyn mae hi i fod.

Chadwon nhw erioed mo'r gyfrinach oddi wrthi. Rwyt ti'n fabwysiedig, medden nhw. Mi ddaru ni dy ddewis di am ein bod ni dy isio di'n fwy na dim. Roedd hynny'n ddigon. Yn fwy na digon. Roedd hi'n fabwysiedig, a doedd dim ots. Ei mam oedd ei mam, a'i thad oedd ei thad.

Pan fu farw'i thad y dechreuodd popeth ddadfeilio. Roedd hi'n bedair ar ddeg, ar drothwy dod i'w nabod o'n iawn fel person yn hytrach na dim ond fel rhiant. Pan oedd hi'n ddwy ar bymtheg, ailbriododd ei mam. Roedd ei llystad yn glên, ond yn ddifater. Yn gwneud joban wael o gogio nad oedd o ddim yn falch pan ddechreuodd hi sôn am groesi'r ffin i Gymru i ddilyn cwrs gradd ym Mangor.

Mae hi mor gyfleus iddi yn y fan hyn. Y llyfr-gelloedd, yr archifau, y cyfrifiaduron. Y rhan hon o'r byd. Roedd ei hymchwil wedi dechrau ymhell cyn hyn. Roedd ei thad wedi dangos y tystysgrif geni iddi cyn iddo farw. Dehongli'r enwau arno. Gwenu wrth gyfieithu. "The Lion and the Star," meddai. Rhamantydd i'r eithaf. Ei dylanwad mawr.

Dyma dy lwybr di, Stella.

Wedi'i fapio yn y sêr.

# Y Deigryn Olaf

Wel? Mi ddaethost ti o hyd iddi'n do? Y gusan hud. Ynteu ai'r gusan ddaeth o hyd i ti? Ti'n dallt erbyn hyn, yn dwyt? Yn dallt na fedri di mo'i osgoi o, yr ias, y trydan, y tân sy'n difa. Galw fo'n be' leci di. Mae o'n fistar arnan ni i gyd.

Mi welaist ti o, yn do? Dy lun yn llygaid rhywun arall. Mi orweddoch chi yno, ar eich cefnau, law yn llaw, yn chwarae 'join ddy dots' rhwng y sêr. Fanno y cest ti'r ateb i'r gyfrinach. Roedd hi yno drwy'r amser, yn disgwyl i ti gael hyd iddi drostat ti dy hun.

Ac os bydd unrhyw un yn meiddio dweud wrthat ti heddiw nad ydi o'n golygu dim, mi fyddi di'n gwylltio, yn edrych i fyw ei llgada fo ac yn ei herio i ddweud hynny'n uwch, hefo argyhoeddiad. Mi fyddi di'n dweud wrtho am roi'i hunanddisgyblaeth yn ei din. Mi ddywedi di: pwy wyt ti'n ei feddwl ydw i? Caniwt? Roedd hwnnw'n ddigon gwirion i feddwl y byddai'n gallu sefyll yn erbyn y llanw hefyd.

Mi ddywedi na fedri di mo'i wrthsefyll o. Y teimlad bychan bach sy'n dechrau megis edrychiad. Megis gwên. Ansicrwydd nad ydi o cweit yn swildod, mae o'n rhywbeth mae arnat ti ei angen, fel awyr iach. Mi ofynni di'r cwestiwn: pwy fasa ddim isio hyn?

Ac mi ddyweda inna wrthat titha: gwyddost bellach be' ydi bod mewn cariad.